# 基层妇联规范化建设
# 工作手册

台 州 市 妇 女 联 合 会
台州市路桥区妇女联合会 编

中国出版集团
现代出版社

# 序

妇联是中国共产党领导的为争取妇女解放而联合起来的全国各族各界妇女的群众组织，是党和政府联系妇女群众的桥梁与纽带，国家政权的重要社会支柱之一。为深入贯彻习近平总书记对群团改革的重要指示精神，落实全国妇联、浙江省妇联改革要求，纵深推进基层妇联组织改革，全面提升妇联基层组织规范化建设水平，台州市妇女联合会、台州市路桥区妇女联合会在上级妇联的指导下与广大妇女群众的大力支持和帮助下，率先引入标准化理念，积极推动基层妇联组织建设规范化、制度化、特色化提升。

新时代为妇联基层组织规范化建设营造了新环境，激发了新活力，也为妇女工作发展创造了新机遇，提出了新要求。台州市妇女联合会、台州市路桥区妇女联合会始终秉持“务实、探索”的创新精神，在党建的引领下紧跟新时代发展的步伐，努力探求基层妇联组织建设标准化新路径，打造妇联改革新样板。妇联工作者通过认真研读妇女工作相关法律法规、条例、《中华全国妇女联合会章程》、全国妇联及浙江省妇联重要文件精神，并结合当地妇联工作的实践，在工作中不断总结归纳、因地制宜、推陈出新，2017年编制了全国首发群团系统的第一份地方标准《基层妇联组织建设工作规范第1部分：村（社区）妇联》，并于次年在全市推广实施；2019年推出了一整套《基层妇联组织建设工作规范》（以下简称《规范》），在路桥区率先推广。该规范成为全国首个用“白纸黑字”形式指导基层妇建的工作规范。

《规范》出台后，引起了社会各界的强烈反响和相关领导的高度重视，先后三次登上《中国妇女报》，其中一次是头版头条，并入选浙江妇女网、省妇联简报、《浙江妇女研究》、浙江新闻、《台州日报》、台州政研与改革等。全国妇联、浙江省妇联、中国标准化研究院领导和专家先后到路桥区调研指导标准化工作，十几批次省内外妇联来路桥区参观学习。台州市路桥区基层妇联组织标准化建设已被列为全国第五批社会管理和公共服务综合标准化试点项目。

在实践检验成熟的基础上，为进一步推进基层妇联组织改革，加快提升妇联基层组织规范化建设，台州市妇女联合会与台州市路桥区妇女联合会合作编纂出版《基层妇联规范化建设工作手册》。该手册的正式出版和公开发行，必将为全市、全省乃至全国的基层妇联工作规范化进程推波助澜，推进基层妇联工作步入一个新台阶。

# 目 录

# 第一章　基层妇联组织建设工作规范①

## 第一节　组织建设

### 组织形式

村（社区）妇联是妇联在农村及城镇社区的基层组织，由本村（社区）年满18周岁的妇女或妇女代表民主选举若干执委组成。

### 组织设置

1. 村（社区）妇联接受同级党组织和上级妇女联合会双重领导。

2. 村妇联的领导机构是村妇女大会或妇女代表大会和它所产生的执行委员会；社区妇联的领导机构是妇女代表大会和它所产生的执行委员会。

3. 推进妇联组织区域化建设。

4. 基层妇联组织的职数和设置：妇联主席1人，副主席不超过3人，执委不少于7人，特色执委依据实际情况设置职数。

### 组织领导

1. 妇女代表大会：听取、审议上届妇女联合会执行委员会工作报告；选举、罢免妇联执委；成立或撤销妇联。

2. 执行委员会：执委会由妇女代表大会选举产生；全体会议一般每

---

① 本规范适用于台州市范围内村（社区）妇联组织的建设和管理。

年举行二次；负责听取和审议执委会工作报告，审议并通过有关人事安排事项；行使表决权、选举权和被选举权；讨论决定其他重大事项。

**组织选举**

**（一）选举筹备**

由上届妇女联合会执行委员会负责妇女代表大会的筹备工作。

*推荐妇女代表*

名额确定：妇女代表名额应根据行政村（社区）规模大小确定，一般不少于15人，名额及产生办法由同级妇联执行委员会确定。代表推荐要充分考虑到辖区功能型妇女小组、网格型妇女小组的代表性。

资格条件：妇女代表应年满18周岁，享有公民权利的女性；热爱祖国，拥护中国共产党的领导；爱岗敬业、开拓创新；热爱、关心、支持妇女儿童事业，密切联系妇女群众，且有一定的参政议事能力；自觉践行社会主义核心价值观，自尊、自信、自立、自强，近5年内未发生过违法乱纪情况。

产生程序：酝酿提名、资格审查、代表产生三个环节。

*推荐妇联执委候选人*

推荐程序：妇联执委候选人可以通过个人自荐、3人以上联名举荐、组织推荐等形式产生。

产生办法：本届妇女联合会执行委员会确定新一届妇联执委会人数、组成方案及产生办法，在“差额选举”或“差额酝酿、等额选举”的基础上确定候选人名单。

*推荐妇联副主席、主席候选人*

妇联副主席、主席候选人由乡镇（街道）妇联组织提出建议，主席候选人应是村（社区）党组织或村委会中的女性成员，由同级党组织确定。

**（二）选举程序**

召开妇女代表大会或妇女大会，到会人数须超过应到人数的2/3，方可进行选举。

同级党组织提出监票人建议名单，大会以举手表决形式通过选举办法和监票人名单。

作妇联执委候选人基本情况说明，包括候选人姓名、年龄、政治面貌、文化程度、单位及职务等。

妇女代表以无记名投票方式，选举产生本届妇联执行委员会。

举行妇联执行委员会第一次全体会议，等额选举产生妇联主席、副主席。

大会宣布当选名单。

**(三)选举结果**

选举过程和结果应主动接受监督。

应以书面形式向同级党组织报告，并报乡镇（街道）妇联组织备案；由同级党组织发文公布。

做好妇女代表大会资料归档。

经费保障：农村妇联经费来源、农村妇联主席的经济报酬参照《妇女联合会农村基层组织工作条例》。社区妇联经费来源、社区妇联主席的经济报酬参照《妇女联合会城市街道、社区基层组织工作条例》。

档案管理：应加强档案管理，按年度建立工作台账，包含大事记，组织机构沿革，本年度工作思路，本年度工作总结，本年度学习记录、会议记录、活动记录及其他工作相关的表格、文字、照片等材料。档案资料完整齐全。宜同时采用电子化形式进行存档。

## 第二节　制度建设

**分工制度**

妇联主席对基层妇联工作负总责，副主席协助主席做好分管工作，执委根据分工负责妇联某一方面的工作。

**执委会议事工作制度**

应明确执委会议事原则，组织传达、学习党的路线方针政策、当地党委政府的决策部署、上级妇联组织的工作要求，研究决定妇联组织自身的各项工作和活动。

**工作公开制度**

按照规定的制度和程序，公开妇联组织职责任务、组织架构、妇联干部身份和工作活动安排。

**主席轮值制度**

由妇联副主席、执委组成轮值主席团，轮流担任轮值主席并配合妇联主席工作，承担妇联主席交办的工作任务。

**服务清单制度**

妇联执委根据自身特长优势，围绕妇女儿童维权、家庭教育、家庭文明、创业创新、文体健康等方面，每年列出服务清单，并结合所在村（社区）实际开展工作，服务妇女儿童。

**执委联系妇女群众制度**

每名执委固定联系一定数量的妇女群众。

## 第三节　队伍建设

**工作队伍**

1. 妇联主席：把握大局，主持本届妇联全面工作，明确妇女工作的中心、重点和基本任务。

2. 妇联副主席：协助妇联主席做好分管工作。

3. 妇联执委：参加执委会，执行妇女代表大会决议，推动落实；发挥工作优势和个人特长，根据分工负责妇联某方面的工作；联系和服务妇女群众，收集妇情民意，反映妇女意见、建议和诉求，提出加强与改善妇女工作的意见和建议。

4. 妇女代表：联系妇女，发挥“沟通和凝聚”作用。
引导妇女，发挥“传导和渗透”作用。
代表妇女，发挥“建言和献策”作用。
服务妇女，发挥“协调和服务”作用。

**活动队伍**

1. 巾帼先锋小组：由功能型妇女小组中的进步分子和活跃分子组成，主要任务是带领各支功能型妇女小组开展活动。

2. 功能型妇女小组：以兴趣爱好、特色专长、公益服务、社会活动和党政中心等类别组成的功能型妇女小组，并常态化开展活动和工作。

3. 网格型妇女小组：依据地域和群体分布组成的小组，以妇女小组长为网格长。

## 第四节　阵地建设

**四大工作阵地**

**(一)办公阵地**

应具备满足妇联日常需要的办公场所，配备桌椅、文具、电脑、电话、文件柜等必要的办公设施。

规范标牌，名称统一为妇联。

人员构成、工作职责、主要制度、联系（监督）电话等上墙公开。

**(二)活动阵地**

职责：组织妇女、引导妇女、服务妇女和维护妇女儿童合法权益。

功能：宣传政策、传播知识、传递信息、联系和服务妇女群众、展示妇女风采。

要求：融入农村文化礼堂、社会服务管理室（站）。农村、城市社区一般不小于20平方米的室内活动场所和有50平方米以上室外文体活动场地，并在醒目位置灵活设置“妇女之家”标识。“妇女之家”要有健全的管理制度，有专兼职管理人员，有丰富多彩的活动。

**(三)特色阵地**

按照“一村一特”的要求，将妇女工作融入当地特色文化建设、特色环境改造、特色产业发展中，打造具有地域标志性、妇女主导性的特色工作平台。

**(四)建设网上妇联**

完善“3＋X”（执委群、妇女代表群、妇女工作群、各类功能型小组）微信群，实现网上管理、网上宣传、网上交流、网上服务。

## 第五节　工作任务

**五大工作任务**

**(一)宣传教育**

面向妇女宣传党和政府的方针、政策，推动男女平等基本国策落实。

**(二)助力中心**

配合村（社区）“两委”协助做好当地党委政府中心工作，参与社会工作。

**(三)妇女儿童维权**

维护妇女儿童合法权益，宣传、普及有关妇女儿童的法律和法规，抵制封建迷信和陈规陋习，反对邪教；配合有关部门打击拐卖妇女儿童、嫖娼、卖淫、赌博、吸毒等违法犯罪行为，预防和制止家庭暴力；按规定做好信访维权案件记录，跟踪反馈，存档保管。

**（四）创业发展**

组织妇女参加“双学双比”“巾帼建功”和“拥军优属”等活动；开展女性劳动力素质培训，提高妇女科学文化素质、健康素质、创业就业能力和发展能力，帮助农村妇女增收致富，城镇妇女岗位建功。

**（五）家庭文明**

注重家庭，注重家教，注重家风，常态化开展“文明家庭”“和合家庭”创建、寻找“最美家庭”活动，全面开展家风家训征集、展示、传承，以好家风支撑起好风气；开展“平安家庭”创建，倡导文明、健康、环保、科学的生活方式；关爱留守、流动的妇女儿童。

## 第六节　特色创建

以“党建带妇建、区域化妇建和群团共建”为指导，围绕党政工作中心、妇联工作重点，突出创新性、实效性、可操作性和影响力，在妇女工作思路、组织形式、工作机制和活动方式等方面进行大胆创新，梳理服务清单，结合本辖区实际开展特色创建工作，形成一村一品牌、一社区一特色，实现基层妇联组织的标准化。

# 第二章　基层妇联组织换届工作规范

## 第一节　区妇女联合会换届工作规范

**范围**

本标准规定了台州市路桥区妇女联合会组织换届、选举筹备、选举程序、选举结果等内容；本标准适用于台州市路桥区妇女联合会的换届选举等工作。

**组织换届**

区妇女代表大会每5年举行一次，由区妇女联合会执行委员会召集。在特殊情况下，经执行委员会讨论决定，可提前或延期召开。提前或延期期限一般不超过1年。

**主要任务**

1.听取和审议路桥区上届妇女联合会执行委员会工作报告；确立今后一个时期区妇女工作的目标任务。

2.选举产生路桥区新一届妇女联合会执行委员会。

**领导小组**

成立大会筹备工作领导小组，领导小组下设宣传组、组织组、后勤组；由上届妇女联合会执行委员会负责大会筹备工作，做好妇女代表推荐选举、代表资格审核、会议工作报告起草、会议选举办法制定以及其他筹备工作。

**代表推荐**

**(一)正式代表条件**

中华人民共和国年满18周岁，享有中国公民权利的女性；热爱祖国，拥护中国共产党的领导，坚决维护习近平总书记核心地位，维护党中央权威和集中统一领导；积极投身路桥经济与社会建设，爱岗敬业，开拓创新，业绩突出；热爱、关心、支持妇女儿童事业，密切联系妇女群众，积极反映妇女群众意愿，在妇女群众中有较高威望和代表性，有较强的参政议事能力；自觉践行社会主义核心价值观，自尊、自信、自立、自强，模范遵守社会公德、职业道德、家庭美德和个人品德，近5年内未发生过违法违纪情况。

**(二)正式代表产生办法**

在各级党组织的统一领导下，根据代表条件，自下而上推荐或研究协商产生候选人，在充分发扬民主的基础上选举产生正式代表，其中：各镇（街道）代表由各镇（街道）召开本级妇女联合会执行委员会全体会议或妇女代表大会民主选举产生正式代表；区直机关单位代表通过召开本单位妇女代表大会或妇女大会选举或协商产生；驻路部队代表由部队党组织推荐。

**(三)正式代表名额分配**

代表数量应根据镇（街道）、区直各战线妇女人口比例分配。

代表构成应考虑各条战线，要照顾其他方面，充分体现先进性、广泛性和代表性。

各族各界、各行各业劳动妇女和知识女性中的优秀女代表占代表总数的60%以上；专职妇女干部代表应控制在总数的40%以内；非中共代表应占总数的25%以上；45周岁以下的代表应占总数的50%以上。

名额及产生办法由上届妇女联合会执行委员会确定。

**(四)正式代表产生程序**

酝酿提名、资格审查、大会审议、代表产生。

**(五)特邀代表条件**

未当选为正式代表的全国三八红旗手、全国优秀妇女干部、省级及以上女劳动模范；处级女领导干部；建区以来历届区妇女联合会主席；其他宜邀请对象。

**(六)特邀代表产生办法**

特邀代表应由区妇女联合会与有关单位党组织协商推荐。

**(七)列席代表条件**

各镇（街道）党委（党工委）副书记、妇女联合会工作分管领导；新一届未列为执行委员会委员候选人的上届妇女联合会执行委员会委员；其他宜列席对象。

**(八)列席代表产生办法**

列席代表应由区和镇（街道）妇女联合会推荐，会同同级党委（党工委）确定。

**执委会的产生**

执行委员会委员候选人应是正式代表。

新一届妇女联合会执行委员会委员人数、组成方案及产生办法应由上届妇女联合会执行委员会提出，在广泛征求各方意见的基础上确定执行委员会委员候选人建议名单，提交区委审定，经批准后，按照程序提交妇女代表大会选举。执行委员会委员的职数一般情况下应为单数，宜为35～41人，最多不应超过45人。

各镇（街道）辖区的执行委员会委员候选人应根据分配的名额由镇（街道）妇女联合会报请同级党委（党工委）同意，在广泛征求执行委员会委员候选人所在单位党组织和群众意见的基础上推荐产生。

区妇女联合会机关的执委候选人由区妇联党组推荐产生；区直单位执委候选人由区妇女联合会会同有关单位在充分协商、广泛征求所在单位党组织和群众意见的基础上推荐产生。各族各界、各行各业劳动妇女和知识女性中的优秀代表比例不低于30%。

**常委会的产生**

区妇女联合会常务委员会委员应由新一届妇女联合会执行委员会第一次全体会议以无记名投票方式，等额选举产生。

**选举程序**

1. 召开代表团召集人会议：报告大会总体安排，提出大会议程、日程安排（草案）；提出代表团划分及团长、副团长建议名单；提出主席团成员、秘书长建议名单（草案）；布置代表团活动内容和要求；提出预备会议的内容和程序。

2. 代表团活动：传达召集人会议精神；推选代表团团长、副团长；酝酿大会主席团成员、秘书长建议名单（草案）；酝酿大会议程（草案）。

3. 召开大会预备会议：听取大会筹备情况报告；通过大会主席团成员、秘书长建议名单（草案）；酝酿大会议程（草案）。

4. 举行主席团第一次会议：通过大会主席团常务委员会委员名单；通过大会执行主席分组名单；通过大会副秘书长名单；通过《关于代表资格审查报告》；通过大会日程；通过特邀代表和列席代表名单。

5. 举行第一次全体会议（开幕式）：宣布大会开幕，奏国歌；群众团体代表致贺词；上级妇女联合会领导讲话；区领导讲话；区上届妇女联合会执行委员会作工作报告。

6. 举行主席团第二次会议：讨论《工作报告决议》（草案）；讨论大会《选举办法》（草案）；讨论通过区新一届妇女联合会执行委员会委员候选人建议名单；酝酿总监票人、总计票人建议名单。

7. 各代表团分组讨论：讨论领导讲话，讨论审议工作报告；讨论《工作报告决议》（草案）；讨论大会《选举办法》（草案）；酝酿讨论区新一届妇女联合会执行委员会委员候选人建议名单；推选监票人。

8. 举行主席团第三次会议：听取各代表团讨论情况汇报；审议通过《工作报告决议》（草案）；审议通过《选举办法》（草案）；讨论确定区新一届妇女联合会执行委员会委员候选人名单；提出总监票人建议名单；通过大会监票人名单。

9.举行第二次全体会议（大会选举）：审议通过《选举办法》；到会正式代表人数须超过应到人数的2/3，方可进行选举；通过总监票人名单，宣布监票人、计票人名单；作妇女联合会执行委员会委员候选人基本情况说明，包括候选人姓名、年龄、政治面貌、文化程度、单位及职务等；妇女代表以无记名方式投票，差额选举产生新一届妇女联合会执行委员会委员；宣布选举结果。

10.举行主席团第四次会议：听取选举结果汇报；确定区新一届妇女联合会执行委员会第一次全体会议主持人；举行新一届妇女联合会执行委员会第一次全体会议，等额选举产生妇女联合会主席、副主席、挂职副主席、兼职副主席、常务委员会委员。

11.举行第三次全体会议（闭幕式）：通报区新一届妇女联合会执行委员会第一次全体会议选举结果；通过《工作报告决议》；新当选的区妇女联合会主席讲话；奏国际歌，宣布大会闭幕。

### 选举结果

选举结果应以书面形式向同级党组织报告，并报上级妇女联合会备案。

### 资料归档

换届工作结束后应做好换届工作资料的整理，将具有保存价值的文件、录像、光盘、照片等材料及时归档；按照档案保管期限的规定，妇女代表大会资料应永久保存。

## 第二节　镇(街道)妇女联合会换届工作规范

### 范围

本标准规定了台州市路桥区镇（街道）妇女联合会组织设置、组织换届、工作任务、选举程序和选举结果等内容；本标准适用于台州市路桥区镇（街道）妇女联合会换届工作的管理、实施、监督等活动。

## 组织设置

1. 单独创建：镇（街道）应建立妇女联合会，已建立党组织的单位，女性固定人数30人以上的，建立妇女组织。

2. 区域联建：可在相对集中、相对集聚的几个区域，多家联合建立妇女组织。

3. 行业统建：依托行业协会、商会和社会团体，组建妇女组织。

4. 依托合建：依托市场管理主体或加工贸易园区组建妇女组织。

## 组织换届

台州市路桥区镇（街道）妇女代表大会每5年举行一次，与镇（街道）党组织换届同步进行，由镇（街道）妇女联合会执行委员会召集。

## 工作任务

听取和审议镇（街道）上届妇女联合会执行委员会工作报告；确立今后一个时期镇（街道）妇女儿童工作的目标任务；选举产生镇（街道）新一届妇女联合会执行委员会。

## 领导小组

大会筹备工作领导小组，下设宣传组、组织组、后勤组；大会筹备工作由上届妇女联合会执行委员会负责，做好本镇（街道）妇女代表推荐选举、代表资格审核、会议工作报告起草、会议选举办法制定以及其他筹备工作。

## 代表推荐

### (一)正式代表条件

中华人民共和国年满18周岁，享有中国公民权利的女性；热爱祖国，拥护中国共产党的领导，坚决维护习近平总书记核心地位，维护党中央权威和集中统一领导；积极投身路桥经济与社会建设，爱岗敬业，开拓创新，业绩突出；热爱、关心、支持妇女儿童事业，密切联系妇女群众，积极反映妇女群众意愿，在妇女群众中有较高威望和代表性，有较强的参政议事能力；自觉践行社会主义核心价值观，自尊、自信、自立、自强，模范遵守社会公德、职业道德、家庭美德和个人品德，近5年内未发生过违法违纪情况。

**（二）正式代表构成**

代表人数应考虑村（社区）的规模和各两新组织妇女人数，可根据实际情况适当引入优秀外来妇女加入，名额及产生办法由上届妇女联合会执行委员会确定。代表构成应考虑各条战线，充分体现先进性、广泛性和代表性；各族各界、各行各业劳动妇女和知识女性中的优秀代表占代表总数的60%以上；专职妇女干部代表应控制在代表总数的40%以内；非中共代表应占代表总数的25%以上；45周岁以下的代表应占代表总数的50%以上。具体分配方案由上届妇女联合会执行委员会确定。

**（三）正式代表产生办法**

在各级党组织的统一领导下，根据代表条件，自下而上推荐候选人，研究协商，民主选举产生正式代表，其中：村（社区）通过召开妇女联合会执行委员会或妇女代表大会民主选举产生；机关事业单位、两新组织根据要求，可通过研究协商的方式确定代表人选。

**（四）特邀代表**

未当选为正式代表的全国、省、市、区优秀妇女干部、女劳动模范等；副科级以上女领导干部；建区以来历届镇（街道）妇女联合会主席；其他宜邀请对象。

**（五）列席代表**

未列为执行委员会候选人的上届妇女联合会执行委员会委员；其他宜列席对象。

**（六）执行委员会的产生**

执行委员会委员候选人应是正式代表；妇女联合会执行委员会委员候选人应具备一定的社会活动能力，在本地区、本行业妇女群体中具有一定的影响力和凝聚力，密切联系妇女群众，热心为妇女儿童做好事、办实事；新一届妇女联合会执行委员会委员人数、组成方案及产生办法应由上届妇女联合会执行委员会提出，在广泛征求各方意见的基础上确定执行委员会委员候选人建议名单，经镇（街道）党委（党工委）审定批准后，按照程序提交妇女代表大会选举产生。镇（街道）妇女联合会执行委员会委员的职数一般情况下应是单数，宜为15～25人，最多不应超过29人。各族各界、各行各业劳动妇女和知识女性中的优秀代表比例不低于30%。

**选举程序**

**(一)召开代表团召集人会议**

报告大会总体安排，提出大会议程、日程安排（草案）；提出代表团划分及团长、副团长建议名单；提出主席团成员、秘书长建议名单（草案）；布置代表团活动内容和要求；提出预备会议的内容和程序。

**(二)代表团活动**

传达召集人会议精神；推选代表团团长、副团长；酝酿大会主席团成员、秘书长建议名单（草案）；酝酿大会议程（草案）。

**(三)召开大会预备会议**

听取大会筹备情况报告；通过大会主席团成员、秘书长建议名单（草案）；酝酿大会议程（草案）。

**(四)举行主席团第一次会议**

通过大会主席团常务委员会委员名单；通过大会执行主席分组名单；通过大会副秘书长名单；通过《关于代表资格审查报告》；通过大会日程；通过特邀代表和列席代表名单。

**(五)举行第一次全体会议(开幕式)**

宣布大会开幕，奏国歌；区妇女联合会领导讲话；镇（街道）领导讲话；镇（街道）上届妇女联合会执行委员会作工作报告。

**(六)举行主席团第二次会议**

讨论《工作报告决议》（草案）；讨论大会《选举办法》（草案）；讨论通过镇（街道）新一届妇女联合会执行委员会委员候选人建议名单；

酝酿总监票人、总计票人建议名单。

**（七）各代表团分组讨论**

讨论领导讲话，讨论审议工作报告；讨论《工作报告决议》（草案）；讨论大会《选举办法》（草案）；酝酿讨论镇（街道）新一届妇女联合会执行委员会委员候选人建议名单；推选监票人。

**（八）举行主席团第三次会议**

听取各代表团讨论情况汇报；审议通过《工作报告决议》（草案）；审议通过《选举办法》（草案）；讨论确定镇（街道）新一届妇女联合会执行委员会委员候选人名单；提出总监票人建议名单；通过大会监票人名单。

**（九）举行第二次全体会议（大会选举）**

审议通过《选举办法》；到会人数须超过应到人数的2/3，方可进行选举；通过总监票人名单，宣布监票人、计票人名单；作妇女联合会执行委员会委员候选人基本情况说明，包括候选人姓名、年龄、政治面貌、文化程度、单位及职务等；妇女代表以无记名投票方式，差额选举产生新一届妇女联合会执行委员会委员；宣布选举结果。

**（十）举行主席团第四次会议**

听取选举结果汇报；确定镇（街道）新一届妇女联合会执行委员会第一次全体会议主持人；举行新一届妇女联合会执行委员会第一次全体会议，等额选举产生妇女联合会主席1人、专兼职副主席若干人，必要时可选举常务委员若干人。

**（十一）举行第三次全体会议（闭幕式）**

通报镇（街道）新一届妇女联合会执行委员会第一次全体会议选举结果；通过《工作报告决议》；新当选的镇（街道）妇女联合会主席讲话；奏国际歌，宣布大会闭幕。

**选举结果**

选举结束后，应将选举结果以书面形式向镇（街道）党委（党工委）报告，并报区妇女联合会备案；由镇（街道）党委（党工委）发文公布。

**资料归档**

换届工作结束后应做好换届工作资料的整理，将具有保存价值的文件、录像、光盘、照片等材料及时归档；按照档案保管期限的规定，妇女代表大会资料应永久保存。

## 第三节　村(社区)妇女联合会换届工作规范

**范围**

本标准规定了台州市路桥区村（社区）妇女联合会工作原则、组织设置、基本要求、选举程序和工作监督等内容；本标准适用于台州市路桥区村（社区）妇女联合会换届工作。

**工作原则**

在村（社区）党组织的领导下进行；干部选配坚持德才兼备、以德为先的用人标准；严格按照《中华全国妇女联合会章程》《妇女联合会农村基层组织工作条例》和《妇女联合会城市街道、社区基层组织工作条例》进行。

**组织设置**

村（社区）妇女联合会设置的基本要求包括：

1. 农村的行政村、城市的社区应当建立妇女联合会；村改社区应当同步调整或者成立妇女联合会。

2. 在居住分散的农村山区、牧区，农、林、渔场，非公有制经济组织、专业市场、农民合作社等女性相对集中的地方，在非公有制经济组织、社会组织，流动妇女、自由职业女性、全职妈妈、女创客、广场文体团队等群体中，工业园区、专业市场、商务楼宇等女性相对集中的地方，根据需要从实际出发灵活设置妇女组织并实行属地化管理。村妇联应向自然村屯、村民小组以及妇女兴趣组织、联谊组织等妇女生产生活最小单元扎根，与网格化管理有效融合，提高本村妇女的组织化程度。社区妇联应向社区网格、居民楼栋、兴趣组织、联谊组织等妇女生产生活最小单元扎根，与网格化管理有效融合，提高本社区妇女的组织化程度。对暂不具备建组织条件的，可设立妇女小组，也可通过建设“妇女之家”“妇女微家”等阵地拓展组织覆盖。

3. 成立或撤销妇女联合会，须经上级妇女联合会同意和同级妇女代表大会通过及同级党组织审核，报上级妇女联合会备案。

4. 基层妇女联合会的职数和设置，应根据辖区妇女人口基数、结构、经济社会发展情况和工作需要确定，职数一般情况下应是单数，可分别设妇女联合会主席1人，专兼职副主席若干人，执行委员会委员若干人，负责日常工作，必要时可设置常务委员若干人。

5. 村（社区）妇女联合会主席应是村（社区）“两委”成员。

6. 执行委员会任职期间如有变动，可补选。

7. 村（社区）妇女代表大会每五年举行一次，由村（社区）上一届妇女联合会执行委员会召集，与同级党组织换届同步进行。

**代表推荐**

**(一)妇女代表条件**

中华人民共和国年满18周岁，享有中国公民权利的女性，热爱祖国，拥护中国共产党的领导，自觉践行社会主义核心价值观。

**(二)妇女代表产生办法**

妇女代表人数应考虑村（社区）的规模和各经济组织妇女人数，可根据实际适当引入优秀外来妇女加入，名额及产生办法由上届妇女联合会执行委员会全体会议确定，一般应不少于30人；妇女代表大会代表的产生应充分体现代表性、先进性和广泛性，通过选举或协商确定。

### (三)执行委员会的产生

上届妇女联合会执行委员会应确定新一届妇女联合会执行委员会委员人数、组成方案及产生办法。一般情况下，500人以下应设执行委员会委员7～9人，500～1000人应设执行委员会委员9～13人，1000人以上应设执行委员会委员13～15人。

妇女联合会执行委员会候选人应具备一定的社会活动能力，在本地区、本行业妇女群体中具有一定的影响力和凝聚力，能密切联系妇女群众，热心为妇女儿童做好事、办实事。

候选人可通过个人自荐、群众举荐、组织推荐相结合的方式确定，报镇（街道）妇女联合会和同级党组织同意，提交同级妇女代表大会，可根据实际情况进行差额选举或差额酝酿、等额选举。

**选举程序**

1. 大会代表在收到大会通知函后应在指定时间到指定地点报到。

2. 大会应由村（社区）党组织书记主持。

3. 村（社区）上届妇女联合会执行委员会作工作报告。

4. 到会妇女代表须超过应到人数的2/3，方可进行选举。

5. 村（社区）党组织提出总监票人名单，以举手表决形式通过选举办法和总监票人名单，宣布监票人、计票人名单。

6. 村（社区）党组织书记作妇女联合会执行委员会委员候选人基本情况说明，包括候选人姓名、年龄、政治面貌、文化程度、单位及职务等。

7. 由妇女代表选举产生村（社区）新一届妇女联合会执行委员会。

8. 举行村（社区）新一届妇女联合会执行委员会第一次全体会议，等额选举产生妇女联合会主席、专兼职副主席，必要时可选举常务委员若干人。

9. 宣布当选名单。

10. 新当选村（社区）妇女联合会主席讲话。

11. 上级领导讲话。

### 选举结果

选举结束后，应将选举结果以书面形式向所在基层党组织报告，并报镇（街道）妇女联合会备案，由上级党组织发文公布。

### 资料归档

换届工作结束后应做好换届工作资料的整理，将具有保存价值的文件、录像、光盘、照片等材料及时归档；按照档案保管期限的规定，妇女代表大会资料应永久保存。

## 第四节　机关、事业单位妇女委员会换届工作规范

### 范围

本标准规定了台州市路桥区机关、事业单位妇女委员会组织换届、选举筹备、选举程序和选举结果等内容；本标准适用于台州市路桥区机关、事业单位妇女委员会换届选举等工作。

### 组织换届

1. 台州市路桥区机关、事业单位妇女委员会由本单位妇女大会或妇女代表大会选举产生，每届任期3～5年，应按期进行换届选举。

2. 台州市路桥区机关、事业单位妇女委员会应由本单位年满18周岁的妇女或妇女代表民主选举产生的若干委员组成。

3. 台州市路桥区机关、事业单位妇女委员会的职数一般情况下应是单数，3～13人为宜，妇女委员会全体会议推选主任1人、副主任若干人，负责日常工作。委员人数较多的，可推选常委若干名，组成常委会。

4. 成立或撤销台州市路桥区机关、事业单位妇女委员会，须经同级妇女代表大会通过或同级管理部门审核，报台州市路桥区妇女联合会备案。

## 主要任务

听取和审议本单位上届妇女委员会工作报告；确立今后一个时期本单位妇女工作的目标任务；选举产生新一届妇女委员会。

## 选举筹备

### (一)妇女委员会选举方式

召开妇女大会，选举产生妇女委员会，再由委员会选举产生主任、副主任；推选妇女代表，召开妇女代表大会，选举产生妇女委员会，再由妇女委员会选举产生主任、副主任。

### (二)大会筹备工作领导小组

应成立大会筹备工作领导小组，由上届妇女委员会负责，负责做好妇女代表推荐选举、代表资格审核、会议工作报告起草、会议选举办法制定以及其他筹备工作。

### (三)代表产生

召开妇女大会，单位所有女职工均为代表；召开妇女代表大会，需通过酝酿提名、资格审查推选妇女代表。

### (四)主任、副主任、委员候选人产生

主任、副主任、委员候选人推荐应按照以下程序：妇女委员会委员由妇女大会或妇女代表大会民主选举产生；本届妇女委员会确定新一届妇女委员会人数、组成方案及产生办法，酝酿推荐候选人名单；妇女委员会主任、副主任候选人由本单位党组织确定，并征求区妇女联合会意见；委员任职期间如有变动，可以补选。

### (五)妇女委员会主任基本条件

有较高的政治理论素质、思想道德素质、科技文化素质，有一定的参政议政和协调管理能力，热爱妇女工作，有较高威望。

## 选举程序

1.大会由本单位分管妇女工作的领导主持。

2. 到会妇女代表人数应超过应到人数的2/3，方可进行选举。

3. 上届妇女委员会作工作报告。

4. 本单位党组织应提出总监票人建议名单，大会以举手表决方式通过《选举办法》和总监票人名单，宣布监票人、计票人名单。

5. 本单位分管妇女工作的领导作妇女委员会委员候选人基本情况说明，包括候选人姓名、年龄、政治面貌、文化程度、单位及职务等。

6. 妇女代表应以无记名投票方式，差额选举产生新一届妇女委员会。

7. 举行新一届妇女委员会第一次全体会议，等额选举产生妇女委员会主任一人、副主任若干人。委员人数较多的，可等额选举常委若干名。

8. 宣布当选名单。

9. 新当选妇女委员会主任讲话。

**选举结果**

选举结果应以书面形式向本单位党组织报告，并报路桥区妇女联合会备案，由本单位党组织发文公布。

**资料归档**

换届工作结束后应做好换届工作资料的整理，将具有保存价值的文件、录像、光盘、照片等材料及时归档；按照档案保管期限的规定，妇女代表大会资料应永久保存。

## 第五节　两新组织妇女组织换届工作规范

**范围**

本标准规定了台州市路桥区两新组织妇女组织设置、组织换届、选举程序、选举结果等内容；本标准适用于台州市路桥区两新组织妇女组织组建及换届选举工作等。

**组织设置**

两新组织妇女组织的职数和设置，应根据本单位妇女人口基数、结构和工作需要确定。

**组建形式**

**（一）单独组建**

根据妇女人数建立妇女委员会、妇女小组或妇女工作联络员；工会女工委是妇女联合会的团体会员，两新组织中已建立工会女职工委员会的，应以此为基础加强和深化妇女工作。

**（二）区域联建**

对暂时不具备建立妇女组织条件的，可按照“地域相邻、工作便利、活动方便”的原则，建立区域性妇女组织或联合妇女组织。

**（三）行业统建**

发挥商会、行业协会等社会组织与企业广泛联系的优势，采取“商会＋妇女组织”“协会＋妇女组织”等方式建立妇女组织；对隶属同一业务主管部门的社会组织，可按照地域相邻、性质相近的原则，联合建立妇女组织。

**（四）产业连建**

在产业和行业相对集中的集聚区、功能区，聚焦产业链上下游企业，或行业相近、产业相通的企业，应连片建立妇女组织。

**（五）龙头领建**

应充分发挥规模较大、妇女组织基础较好、社会影响力较广的两新组织示范带头作用，组织周边企业及社会组织建立联合妇女组织，带动各两新组织开展妇女工作。

**（六）楼宇合建**

在两新组织相对集中的楼宇商圈，应将行业信息交流、企业联谊和妇女工作有机结合，组建联合妇女组织；对于企业数量较多、体量较大的楼宇商圈，可按照楼层分布、网格划分建立联合妇女组织。

**(七)村企共建**

规模较小、妇女工作基础薄弱，与村（社区）联系紧密或地处乡村周边，且不符合单独组建条件，又不适宜企业之间联合组建妇女组织的企业，可挂靠所在村（社区）妇女联合会。

**(八)挂点联系**

在妇女工作难开展、妇女组织难组建的集中性区域和覆盖的盲点、空白点，特别是符合条件但一直未成立妇女组织的外资、互联网和文化创意等企业，应建立妇女联合会干部联系点，实行划片包干、重点包案等做法，扩大组织覆盖。

**组织换届**

两新组织妇女组织每届任期3～5年，应按期进行换届选举；两新组织妇女组织应由本单位妇女或妇女代表，民主选举产生的若干委员组成；两新组织妇女组织委员的职数一般情况下应为单数，以5～15人为宜，可根据需要设妇女委员会主任1人，副主任若干人。

**选举筹备**

1. 应成立大会筹备工作领导小组，负责做好代表推荐、资格审核、会议工作报告起草、会议选举办法制定以及其他筹备工作。

2. 两新组织妇女组织的选举，可召开妇女代表大会或女职工大会，应先选举产生妇女委员会，再由妇女委员会选举产生主任、副主任。

3. 两新组织的党组织应在充分听取妇女意见的基础上，由单位党组织提名妇女委员会主任、副主任、委员候选人，并征求镇（街道）妇女联合会意见。

4. 妇女代表名额应根据两新组织规模大小确定，一般不应少于13人，名额及产生办法应由上届妇女委员会确定。

5. 代表资格条件应包括：中华人民共和国年满18周岁，享有中国公民权利的妇女；热爱祖国，拥护中国共产党的领导；热爱、关心、支持妇女儿童事业；自觉践行社会主义核心价值观，自尊、自信、自立、自强，遵守社会公德、职业道德、家庭美德和个人品德。

**选举程序**

1. 大会由本单位分管妇女工作的领导主持。

2. 选举到会妇女代表人数须超过应到人数的2/3，方可进行选举。

3. 同级党组织应提出总监票人建议名单，大会应以举手表决形式通过《选举办法》和总监票人名单。

4. 本单位分管妇女工作的领导应作妇女委员会委员候选人基本情况说明，包括候选人姓名、年龄、政治面貌、文化程度、单位及职务等。

5. 妇女代表应以无记名投票方式，等额选举产生新一届妇女委员会。

6. 应举行妇女委员会第一次全体会议，等额选举产生妇女委员会主任、副主任。

7. 宣布当选名单。

**选举结果**

选举结果应以书面形式向同级党组织报告，并报镇（街道）妇女联合会备案，由同级党组织发文公布。

**资料归档**

将换届工作中产生的具有保存价值的文件、录像、光盘、照片等材料及时归档。

**工作监督**

选举过程和结果应接受本单位妇女代表与本单位党组织、所在镇（街道）妇联监督。

# 第三章 基层妇联组织运转工作规范

## 第一节 妇联工作公开

### 范围

本标准规定了台州市路桥区村（社区）妇联工作基本原则、公开内容、公开形式、公开时间等内容；本标准适用于台州市路桥区村（社区）妇联工作公开等活动。

### 基本原则

坚持实事求是，面向基层，面向群众，内容真实、全面、具体。

### 公开内容

公开妇联基本情况、组织架构、职责任务、妇联干部身份、执委责任清单、执委一句话承诺和特色工作等内容。

### 公开形式

在村（社区）宣传长廊、妇女之家或妇联办公室设置固定公开栏，定期公开内容；利用各类展板，及时宣传妇女儿童相关的政策法规、办事程序等内容；建立村（社区）妇女微信联系群，公布各类活动内容、人员招募信息等。

### 公开时间

应突出时效性，具体包括：常规性工作、重大决策、目标任务常年公开；阶段性工作完成后及时公开；临时性工作随时公开；重大事项经同级党组织审批后公开。

# 第二节　妇联执委议事

## 范围

本标准规定了台州市路桥区村（社区）妇联执委议事主体、议事内容、议事程序、议事形式等内容；本标准适用于台州市路桥区村（社区）妇联执委议事活动。

## 议事主体

议事的主体是本村（社区）妇联全体执委，议事时可邀请本村（社区）各级女党代表、女人大代表、经济实体中的女性经营管理人员，以妇女为主体的基层群众组织负责人，以及具有一定社会事务管理能力和经验的妇女群众代表等。涉及重要议题，可邀请村（社区）两班子成员或上级妇联参加。

## 议事内容

1. 组织传达、学习党的路线方针政策、党委政府的决策部署。

2. 本村（社区）妇联工作的开展情况、下阶段工作安排和贯彻落实上级妇联工作的进展情况。

3. 本村（社区）妇女群众助力中心工作情况及对当地经济社会发展提出的意见、建议。

4. 本村（社区）公共事务管理涉及妇女利益的社会性、公益性、群众性事务。

5. 本村（社区）涉及妇女儿童合法权益维护的相关事务。

6. 妇女群众关心的生产生活中的热点、难点问题，以及在工作、学习、生活等方面遇到的困难和需要帮助解决的事项。

7. 议事内容可根据村（社区）实际情况不断拓展和丰富，以切实保障妇女群众的知情权、参与权和监督权。

**议事程序**

1. 调查研究，确定议题：妇联执委应到所联系的妇女群众中了解她们的所思所想所盼，收集妇女群众反映的热点难点问题、意见建议，形成议题，亦可就分管工作中需要提请议事会讨论的内容确定议题，以适当形式报村（社区）妇联执委会。

2. 组织讨论，形成决议：议事会由村（社区）妇联主席召集并主持，应提前在工作联系群中确定召开时间、地点、议题。议事会上，参会人员应充分发表意见，达成共识。议事决策时，应坚持民主集中制原则，通过无记名投票或举手表决，经到会成员半数以上赞成，方可形成决议。

3. 反馈结果：议事会形成的决议应当在3个工作日内向所涉妇女群众或家庭反馈。涉及本地集体性事务或重大事务的决议须提交村（社区）“两委”审定。

4. 记录归档。

**议事形式**

议事形式因时、因地、因事而异，两月一议、要事随议，可采取集中议事、现场议事、走访议事、上门议事、接待议事等灵活多样的形式，保证议事及时高效。

## 第三节　妇联组织星级评定

**范围**

本标准规定了台州市路桥区村（社区）妇联组织星级评定实施范围、工作目标、责任分工、评星定级等内容；本标准适用于台州市路桥区村（社区）妇联组织星级评定等活动。

## 实施范围

全区所有村（社区）妇联组织均应纳入星级管理范围。

## 工作目标

2019 — 2021年，力争全区80%的村（社区）妇联组织达到三星标准，20%的村（社区）妇联组织达到四星、五星标准。

## 责任分工

区妇联负责全区创评工作的分类指导和督查推进；各镇（街道）妇联组织应根据区妇联的总体安排，负责组织实施，并依申请进行星级认定；各村（社区）妇联组织应在镇（街道）妇联的指导下开展星级创建，并在规定时间申报。

## 评星定级

### (一)评星申报

各村（社区）妇联应根据量化考评标准进行自查，确定申报星级，每年3月向镇（街道）妇联提出申请。

### (二)星级认定

镇（街道）妇联每年4月通过自行核查、组织村（社区）妇联互查和考查等多种方式对申报的基层妇联进行考评，并实行动态管理；综合得分在70分以上的，定级为三星，80分以上的，定级为四星，90分以上的，定级为五星；镇（街道）妇联应在每年11月前将星级考评结果报区妇联，由区妇联对镇（街道）定级为四星、五星的基层妇联组织进行普查或抽查；三星由镇（街道）妇联发文认定，四星及五星由区妇联发文认定；定级后村（社区）妇联应在醒目位置悬挂星级认定牌。

### (三)星级评定标准

村（社区）妇联组织星级评定参考标准见附录A。

附录A（规范性附录）

## 村(社区)妇联标准化建设星级管理量化考评标准

| 项目 | 内容 | 分值 | 自评 | 考评 |
|---|---|---|---|---|
| 组织建设(18分) | 妇联组织统一名称,统一标识,在醒目位置悬挂星级认定牌 | 3 | | |
| | 妇联班子健全,按时按程序规范换届,妇联主席是村(社区)“两委”成员 | 3 | | |
| | 参照《妇女联合会农村基层组织工作条例》《妇女联合会城市街道、社区基层组织工作条例》,按不低于妇女人均一元标准,妇联工作经费纳入村级组织(社区)运转经费统筹解决 | 2 | | |
| | 按年度建立工作台账,包含大事记、组织机构沿革、本年度工作思路、本年度工作总结、本年度学习记录、会议记录、活动记录、信访记录及其他工作相关的表格、文字、照片材料。档案资料完整齐全。宜采用电子化形式进行存档 | 8 | | |
| | 妇联各项工作年初有布置、半年有检查、年终有总结 | 2 | | |
| 制度建设(14分) | 制定并执行分工制度,基层妇联坚持统一领导与分工负责制度,妇联主席对基层妇联工作负总责任,执委除按规定参加会议、讨论有关重要工作和事项之外,分管妇联某一方面的工作 | 2 | | |
| | 执行QLQFL 6.1—2019《运转工作规范第1部分:村(社区)妇联工作公开》 | 2 | | |
| | 执行QLQFL 6.2—2019《运转工作规范第2部分:村(社区)妇联执委议事》 | 2 | | |

续　表

| 项目 | 内容 | 分值 | 自评 | 考评 |
| --- | --- | --- | --- | --- |
| 制度建设（14分） | 执行主席轮值制度，由妇联副主席、执委组成轮值主席团，轮流担任轮值主席并配合妇联主席工作，承担妇联主席交办的工作任务。在担任轮值主席期间，由轮值主席结合自身界别的行业优势和资源优势，定期召开轮值主席会议，围绕中心提议并组织策划活动，服务群众 | 2 | | |
| | 执行信访维权制度，做好妇女儿童相关信访调解工作，并按规定做好信访维权案件记录、跟踪反馈，存档保管 | 2 | | |
| | 执行执委联系妇女群众制度，每名执委固定联系一定数量的妇女群众，通过定期走访、调研等方式面对面联系，宜利用QQ、微信等新媒体建立妇女群众联系群，与所联系妇女保持经常沟通和互动 | 2 | | |
| | 村（社区）妇联应根据相关要求和本地实际，制定其他必要的规章制度 | 2 | | |
| 队伍建设（8分） | 妇联主席、副主席作用发挥明显。执委履职到位 | 2 | | |
| | 妇女代表能积极联系、引导、代表和服务妇女群众 | 2 | | |
| | 根据实际建立巾帼先锋小组、功能型妇女小组和网格型妇女小组，各个小组能常态化开展活动，作用发挥明显 | 2 | | |
| | 建有巾帼志愿者队伍、巾帼网格员队伍，开展各类服务活动 | 2 | | |
| 阵地建设（10分） | 村（社区）妇联具备满足妇联日常需要的办公场所，配备桌椅、文具、电脑、电话、文件柜等必要的办公设施。人员构成、工作职责、主要制度、联系（监督）电话等上墙公开 | 3 | | |

续 表

| 项目 | 内容 | 分值 | 自评 | 考评 |
|---|---|---|---|---|
| 阵地建设（10分） | 村（社区）要有一定规模的“妇女之家”活动阵地，具体参照DB 3310/T 45.1—2018《基层妇联组织建设工作规范第1部分：村（社区）妇联》和QLQFL 9.1—2019《阵地建设规范第1部分：妇女之家》 | 3 | | |
| | 村（社区）结合实际建立儿童之家、妇女微家、巾帼维权室、亲子阅览室、家风家训馆、面对面家长学校等各类巾帼特色阵地 | 2 | | |
| | 村（社区）积极打造网上“妇女之家”，积极建设“网上妇联”“妇女联系群”，通过网上管理、网上宣传、网上交流和网上服务，提高管理水平、缩短心理距离 | 2 | | |
| 作用发挥（30分） | 村（社区）妇联积极助力中心，在“五水共治”“垃圾分类”“多城同创”“美丽庭院”“平安家庭”“乡村振兴”“基层治理”等中心工作中发挥示范、引领、带动作用 | 6 | | |
| | 大力开展宣传教育工作，面向妇女宣传党和政府的方针、政策，推动男女平等基本国策落实 | 6 | | |
| | 大力开展妇女维权工作，维护妇女儿童合法权益，宣传、普及有关妇女儿童的法律和法规，抵制封建迷信和陈规陋习，反对邪教；配合有关部门打击性侵、拐卖妇女儿童、嫖娼、卖淫、赌博、吸毒等违法犯罪行为，预防和制止家庭暴力。按规定做好信访维权案件记录，跟踪反馈，存档保管 | 6 | | |
| | 大力开展创业发展工作，组织妇女参加“双学双比”“巾帼建功”和拥军优属等活动；开展女性劳动力素质培训，提高妇女科学文化素质、健康素质、创业就业能力和发展能力，帮助农村妇女增收致富，城镇妇女岗位建功 | 6 | | |

续　表

| 项目 | 内容 | 分值 | 自评 | 考评 |
|---|---|---|---|---|
| 作用发挥（30分） | 大力开展家庭文明工作，注重家庭、注重家风、注重家教，常态化开展寻找“最美家庭”“清廉家庭”“红色家庭”活动，全面开展家风家训征集、展示、传承；开展“平安家庭”创建活动，倡导文明、健康、环保、科学的生活方式；关爱留守、流动、困难妇女儿童等弱势群体 | 6 | | |
| 特色创建（20分） | 以“党建带妇建”为指导，围绕党政工作中心、妇联工作重点，在妇女工作思路、组织形式、工作机制和活动方式等方面进行大胆创新，结合本辖区实际开展特色创建工作，形成一村一品牌、一社区一特色 | 20 | | |

# 第四章　基层妇联组织队伍岗位规范

## 第一节　妇联主席

**范围**

本标准规定了台州市路桥区各级妇联主席的产生条件、岗位要求、职责范围等内容；本标准适用于台州市路桥区各级妇联主席的管理。

**区妇联主席**

**(一)产生条件**

区妇联主席由区妇女联合会执行委员会全体会议选举产生。

**(二)岗位要求**

1.坚持习近平新时代中国特色社会主义思想，贯彻执行党的路线方针政策，增强“四个意识”，坚定“四个自信”，做到“两个维护”。

2.坚持群众路线，深入调查研究，自觉接受群众监督，在妇女儿童工作中勇于担当，奋发有为。

3.面对新时代的新要求，开拓创新，勇于担当，真抓实干，讲求实效。

4.围绕中心，服务大局，当好党和政府的得力助手，扎实做好引领、联系、服务妇女工作。

5.有较高的科学文化素质，有较好的参政议政和协调管理能力，掌握妇女工作法律政策、科学文化和业务知识，热爱妇女工作。

**(三)职责范围**

1.主持区妇联全面工作和区人民政府妇女儿童工作委员会办公室工作。

2. 主持召开区妇联执行委员会会议。

3. 贯彻执行党的路线方针政策，紧紧围绕党政中心开展工作。

4. 确定区妇联班子工作分工。

5. 定期召开班子会议，传达、贯彻上级对妇女工作的指示，部署、检查妇联工作，研究妇女工作理论和政策，总结妇女工作经验。

6. 加强妇联干部队伍建设，打造一支适应新时代需要的高素质队伍。

7. 加强与其他群团组织的联系。

8. 定期向区委、区政府和上级妇联报告工作，接受相关指导意见和建议，不断改进工作。

9. 完成区委、区政府和上级妇联交办的其他工作。

**(四)履职原则**

1. 实事求是原则。从实际出发开展工作，言行一致，真抓实干，总结和推广先进的经验做法。及时发现和解决问题，善于化解矛盾，踏踏实实为妇女儿童办实事。

2. 效率最大化原则。改进工作方法，提高工作效率，提升工作质量。发现人才、培养人才、使用人才。

3. 公平公正原则。遵守法律法规，清正廉洁。

4. 联系服务原则。融入妇女群体中，了解群众的生活，倾听群众的心声，回应群众的诉求，从区级层面推进对妇女群众反映的热点、难点问题的解决。

### 镇(街道)妇联主席

**(一)产生条件**

镇（街道）妇联主席由本级妇女联合会执行委员会全体会议选举产生。主席人选应事先征求上级妇女联合会的意见。

**(二)岗位要求**

1. 政治坚定。

2. 勤奋学习，忠于职守，作风扎实，遵纪守法，有参政议政和组织协调能力，热爱妇女儿童工作。扎实做好引领、联系、服务妇女工作。

3. 面对新时代的新要求，解放思想，开拓创新，讲求实效。

4. 镇（街道）妇联主席可列席同级党委有关会议。

**(三)职责范围**

1. 认真贯彻执行男女平等基本国策，国家和上级主管部门有关妇女的政策法规，配合上级开展妇联工作。

2. 主持召开本级妇联执行委员会会议。

3. 制订并组织实施本级妇联工作计划。

4. 宣传妇女儿童相关法律法规，依法维护妇女儿童的合法权益，关心关爱特殊妇女儿童群体和家庭需要。

5. 加强本级妇联组织建设，认真听取各级各类组织对本级妇联工作的建议和要求，完善组织架构，实施“破难行动”，推进妇女工作。

6. 加强家庭家教家风建设，开展文明家庭创建活动。

7. 推动妇女创业创新行动。

8. 创新工作方法，在工作实践中就妇女儿童工作存在的重点、难点问题进行有益探索。

9. 加强与其他群团组织的联系和合作，培育和发展妇联团体会员与女性社会组织。

10. 完成镇（街道）党（工）委、政府（办事处）和上级妇联交办的其他工作。

**(四)履职原则**

1. 实事求是原则。从实际出发开展工作，言行一致，真抓实干，融入妇女群体中，及时发现和解决问题。

2. 效率最大化原则。工作中遵守操作规范，改进工作方法，最大限度地实现工作效率、工作质量双提升。

3. 公平公正原则。尊重客观事实，遵守法律法规，不徇私情，不牟私利，在公平公正的前提下开展各项工作。

4. 联系服务原则。融入妇女群体中，了解群众的生活，倾听群众的心声，回应群众的诉求，切实发挥联系群众、服务妇女儿童的桥梁和纽带作用。

**村(社区)妇联主席**

**(一)产生条件**

村（社区）妇联主席由本级妇女联合会执行委员会全体会议选举产生。主席人选应事先征求上级妇女联合会意见。

**(二)岗位要求**

1.思想政治素质好、道德品行好、带富能力强，公道正派、廉洁自律，热心为妇女儿童服务。

2.村（社区）妇联主席应是村（社区）“两委”成员。

3.面对新的形势、新的工作要求，要多出新点子，勤于干实事。

4.坚持党建带妇建，善于组织，善于协调，善于沟通，扎实做好联系和服务妇女工作。

**(三)职责范围**

1.认真贯彻执行国家和上级部门有关妇女的政策法规。

2.主持召开本级妇联执行委员会会议。

3.广泛联系各类妇女群体，关注涉及妇女切身利益的热点、难点问题，关爱留守、流动等困境妇女儿童群体。

4.宣传妇女儿童相关法律法规，建立发现报告、联防联动等机制，依法维护妇女儿童的合法权益。

5.认真听取村（社区）党组织对妇联工作的建议和要求，不断推进妇女工作。

6.加强家庭家教家风建设，开展文明家庭创建活动。

7.推进妇女创业创新行动。

8.围绕中心工作、重点工作筹划妇联工作，及时反映妇情民意，提出对策建议。

9.引导妇女参与基层社会治理。

10.加强“妇女之家”“妇女微家”“儿童之家”建设。

11.完成村（社区）“两委”和上级妇联交办的其他工作。

**(四)履职原则**

1. 实事求是原则。从实际出发开展工作，认真总结工作经验，学习和借鉴姊妹妇联组织的先进做法，及时发现和解决问题，小事不出村。

2. 效率最大化原则。团结带领执委会委员各负其责，密切配合，推动日常妇联工作正常高效运行。

3. 公平公正原则。依据法律法规和政策规定开展妇女儿童工作，做到公平公正。

4. 联系服务原则。融入妇女群体中，多聊家常，多想办法，多做实事。

## 第二节　妇联副主席

**范围**

本标准规定了台州市路桥区各级妇联副主席的产生条件、岗位要求、职责范围等内容；本标准适用于台州市路桥区各级妇联副主席的管理。

**区妇联副主席**

**(一)产生条件**

区妇联副主席由区妇女联合会执行委员会全体会议选举产生。

**(二)岗位要求**

1. 坚持贯彻习近平新时代中国特色社会主义思想，增强“四个意识”，坚定“四个自信”，做到“两个维护”。

2. 积极配合上级妇联组织和妇联主席开展妇女儿童工作。

3. 掌握妇女工作相关的法律政策、科学文化和妇女工作业务知识，增强群众工作本领，作风扎实。

4. 主动适应新时代的新要求，解放思想，改进方法，组织、引导和服务妇女，干实事，求实效。

**(三)职责范围**

1. 围绕中心，服务大局，做好分管工作。

2. 积极配合上级妇联和区妇联主席开展工作。

3. 参加省市区级妇联重点工作的调研、考察。

4. 广泛联系各类妇女群体，关注涉及妇女切身利益的热点、难点问题，加强对相关问题的调研。

5. 联系镇（街道）妇联和妇联主管的社会组织，加强对镇（街道）妇联工作的指导和督促。

### 镇(街道)妇联副主席

**(一)产生条件**

镇（街道）妇联副主席由本级执行委员会全体会议选举产生。

**(二)岗位要求**

1. 坚持习近平新时代中国特色社会主义思想，在政治立场、政治方向、政治原则、政治道路上同党中央保持高度一致。

2. 积极配合上级妇联组织和妇联主席开展妇女儿童工作。

3. 主动适应新时代的新要求，解放思想，改进方法，勇于担当，干实事，求实效。

4. 围绕党建、服务中心，脚踏实地地做好分管工作。

**(三)职责范围**

1. 贯彻执行上级妇联组织及同级妇女代表大会的决议。

2. 对本级妇联的重要工作和活动做出决策部署及合理安排。

3. 指导所辖村级妇联组织有序开展妇女儿童工作。

4. 加强本级妇联建设，提高妇联干部的学习能力、创新能力和服务能力。

**村(社区)妇联副主席**

**(一)产生条件**

村（社区）妇联主席由村（社区）妇联执委会选举产生。

**(二)岗位要求**

1.坚决执行党的基本路线和方针政策。

2.积极配合上级妇联组织和妇联主席开展妇女儿童工作。

3.学习妇女工作相关的业务知识。

4.密切联系妇女，增强群众意识。

**(三)职责范围**

1.参与贯彻执行上级妇联组织的工作部署。

2.关注并推动辖区内的妇女儿童工作。

3.参与和组织各类学习培训，提高村级妇联干部的学习能力、创新能力和服务能力。

4.完成上级妇联交办的其他临时性工作。

## 第三节　妇联执委

**范围**

本标准规定了台州市路桥区各级妇联执委的产生条件、岗位要求、职责范围等内容；本标准适用于台州市路桥区各级妇联执委的管理。

**区妇联执委**

**(一)产生条件**

区妇联执委由本级妇女代表大会选举产生。

**(二)岗位要求**

1.以妇女联合会机关各部门和直属单位领导人为候选人，选举产生执委。

2.大力支持和配合区妇联开展妇女儿童工作。

3. 主动适应新时代的新要求，多动脑筋，多想办法，干实事，求实效。

4. 执委需带项目上岗，需根据分工任务完成项目清单任务，努力促成项目落地，及时进行年度述职。

**(三)职责范围**

1. 贯彻执行上级妇联组织的工作部署。

2. 配合区妇联开展妇女儿童工作。

3. 团结和动员妇女投身经济建设、社会发展及各项公益事业。

4. 巩固和扩大各界妇女的大团结，加强与社会各界的联系，号召各界共同参与妇女儿童事业。

5. 参与妇女儿童工作的调研。

6. 联系镇（街道）妇联，汇聚多种力量，形成工作合力。

7. 参与发展以妇女为主体的社会组织。

8. 定期参加执委会。

**镇(街道)妇联执委**

**(一)产生条件**

镇（街道）妇联执委由本级妇女代表大会选举产生。

**(二)岗位要求**

1. 具有一定的思想觉悟。

2. 配合镇（街道）妇联开展妇女儿童工作。

3. 主动适应新时代的新要求，多动脑筋，多想办法，干实事，求实效。

4. 专职执委需围绕妇女儿童工作设计相关项目，年末完成项目服务，进行年度工作汇报。

**(三)职责范围**

1. 贯彻执行上级妇联组织的工作部署。

2. 配合镇（街道）妇联开展妇女儿童工作。

3. 团结和动员妇女投身经济建设、社会发展及各项公益事业。

4. 巩固和扩大各界妇女的大团结，加强与社会各界的联系，号召各界共同参与妇女儿童事业。

5. 参与妇女儿童工作的调研。

6. 定期参加执委会。

**村(社区)妇联执委**

**(一)产生条件**

村（社区）妇联执委由本级妇女代表大会选举产生。

**(二)岗位要求**

1. 热心妇女儿童工作，积极承办相关活动，认真参与活动策划。

2. 积极配合村（社区）妇联开展妇女儿童工作。

3. 主动适应新时代的新要求，多动脑筋，多想办法，干实事，求实效。

4. 定期参加执委议事会。

**(三)职责范围**

1. 贯彻执行上级妇联组织的工作部署。

2. 配合本级妇联及村“两委”开展妇女儿童工作。

3. 关心本辖区的妇女儿童工作，维护妇女儿童的基本权利。

4. 广泛联系其他群团组织，号召各界共同参与妇女儿童事业。

# 第五章　基层妇联组织队伍管理规范

## 第一节　妇联主席轮值

### 范围

本标准规定了台州市路桥区主席轮值原则、轮值目标、轮值方式、轮值职责、轮值要求等内容；本标准适用于台州市路桥区范围内镇（街道）妇联、村（社区）妇联干部队伍的建设和管理。

### 轮值原则

1. 从本区域的工作优势和特点出发，与本区域妇联工作中心和党委政府工作中心相结合。

2. 与调动妇联执委的工作积极性、充分发挥广大妇女的力量相结合。

### 轮值目标

1. 加强妇联队伍规范化管理，推进镇（街道）、村（社区）妇联组织区域化建设，形成工作合力。

2. 借助镇（街道）、村（社区）妇联执委的行业优势和资源优势，推动妇联工作的高质量运行。

3. 提升镇（街道）、村（社区）妇联执委个人履职能力。

4. 发挥引领、服务、联系妇女作用。

### 轮值方式

应采用双人岗双月轮值，每两个月安排两名执委轮流担任轮值主席，确保每月有一位轮值主席在岗。

**轮值职责**

1. 年初应制订主席轮值计划和实施方案。

2. 轮值主席在岗期间应参与各级妇联相关会议，研究讨论妇女发展中的重点工作、难点问题，以及处理轮值期间相关事务。

3. 轮值主席应围绕党政中心工作或重大节庆，组织妇女儿童开展相关主题活动。

4. 镇（街道）妇联轮值主席应采取项目化的履职方式，轮值期间应至少完成一项妇女维权、创业创新、最美家庭、美丽庭院、家庭教育及网上“妇女之家”等工作项目。

5. 村（社区）妇联轮值主席应采取项目清单履职方式，在履职期间完成既定服务任务。

**轮值要求**

1. 区妇联每年应对轮值主席进行工作指导和业务培训。

2. 镇（街道）、村（社区）妇联每年年初应召开会议制订轮值方案，报上级妇联备案，并通过微信等适当方式公开。

3. 轮值主席应在轮值工作备忘录上做好工作记录，形成工作日志及小结，如遇重大事项及问题应形成议案提交本级妇联执委会研究讨论。

4. 应建立轮值主席评价推优制度，对责任心强、工作实效突出的优先推优；对于不胜任岗位、不认真履职、不参加轮值的应作适时调整。

## 第二节　村(社区)妇联主席PK赛

**范围**

本标准规定了台州市路桥区村（社区）妇联主席PK赛的主题设置、

目标任务、运行管理等内容；本标准适用于台州市路桥区村（社区）妇联主席PK赛的筹备、运行等活动。

**主题设置**

1. 每场PK赛前由区妇联提前1个月，结合村（社区）妇女工作重点、热点确定比赛主题。

2. 场次频率：一年四次，每季一次，可根据工作需要作出适当调整。

**目标任务**

村（社区）妇联主席PK赛的目标任务主要应包括：

1. 进一步提升村（社区）妇联主席的工作能力和服务能力，增强责任感和使命感，打造一支守信念、讲奉献、有本领、重品行、能干事的基层妇联干部队伍。

2. 搭建起镇（街道）、村（社区）妇联主席交流、沟通的平台，形成“比、学、赶、超”的浓厚氛围。

3. 为区妇联指导基层妇联组织开展工作提供参考依据。

**运行管理**

**(一)地点设置**

应由各镇（街道）妇联轮流举办，宜放在“妇女之家”举行。

**(二)参赛人员**

每场比赛原则上每个镇（街道）各一个名额，鉴于蓬街镇、金清镇辖区村（社区）数量（较）多，可各增加一个参赛名额。参赛妇联主席所属村（社区）、姓名、联系方式及发言初稿应提前10天发送至区妇联邮箱。

**(三)比赛方式**

主持人员：每场比赛由承办镇（街道）妇联干部主持。

选手演讲：参赛选手应围绕当期主题，就工作履职、具体做法及工作实绩、心得体会等方面展开，力求契合基层实际，展现工作亮点。每位选手的演讲时间控制在5分钟以内。

评委打分点评：评委由区妇联邀请部分区妇联执委、区直机关妇委会主任组成，以5～7人为宜。根据参赛选手临场表现力、主题契合度、表达流畅性等打分，以百分制（保留小数点后两位）为计分方式，取每场评委的平均分为选手最终得分。全程结束后，由评委代表进行点评。

奖项设置：每场比赛决出一等奖3名，二等奖3名，三等奖4名，由评委颁发获奖证书和奖杯。每场比赛的前3名基层妇联干部可作为上级评选先进个人的优先推荐对象。

## 第三节　兼职副主席项目化管理

### 范围

本标准规定了台州市路桥区、镇（街道）妇联兼职副主席项目化管理的选任办法、主要职责、联系协调、项目管理、项目评估、考核评价等内容；本标准适用于台州市路桥区、镇（街道）妇联兼职副主席的选任、项目管理、评价推优等活动。

### 选任办法

**(一)选任范围**

区、镇（街道）妇联兼职副主席选任范围应包括：

1. 机关、事业单位优秀女性，村（社区）等基层组织女性负责人。
2. 新经济组织和新社会组织女性负责人。
3. 农村创业女能人。
4. 各行各业中从事一线工作的优秀女性。

**(二)选任条件**

区、镇（街道）妇联兼职副主席选任条件主要包括：

1. 自觉贯彻执行党的路线方针政策，遵纪守法，政治坚定，敢于担当，求真务实，勇于创新，热爱妇女工作，具有履行职责所需的政治素质和参政议政能力。

2. 具有项目策划、实施和运行的能力。

3. 有强烈的事业心和责任感，在本职岗位上成绩显著，作风正派，威信较高。

4. 在经济社会发展中起着重要作用，有为妇女群众办好事、办实事的实际能力，得到妇女群众认可。

5. 身体健康，具有大专以上学历。

6. 原则上不超过40周岁，业绩突出者可适当放宽，同时，35周岁以下的年轻优秀人才应占一定比例。

**（三）区妇联兼职副主席选任程序**

1. 区妇联兼职副主席选任由区委组织部、区妇联联合发布项目化公开竞职公告。

2. 竞职人员根据公告内容提供相应资料并填写竞职项目表提交区妇联报名。

3. 区妇联对报名人员提交的材料于5个工作日内完成资格审查，并将资格审查结果电话告知报名人员，确定进入项目化公开竞职具体人员名单。

4. 举办兼职副主席项目化工作竞职演讲大赛，竞职者须以PPT形式对各自的项目围绕目标、措施、预期效果进行陈述，亦可根据情况引入现场项目提问环节。评委现场打分占80%，群众现场投票占20%。工作人员现场亮分。分数按从高到低排列，区一级应确定前3名为兼职副主席候选人。

5. 兼职副主席候选人公示。

6. 增补执委，并通过执委会选举正式成为兼职副主席。

**（四）镇（街道）妇联兼职副主席选任程序**

镇（街道）妇联兼职副主席选任程序参照区妇联执行。

岗位设置：兼职副主席每届任期5年，与同级妇联换届同步；兼职期间不占妇联领导职数，原职级身份不变，不领取任何报酬。

**主要职责**

1.参加妇联主席会议和妇女工作会议，参与讨论妇女工作重大事项，联系指导部分区域或领域的妇女工作。

2.积极参与各级妇联组织开展的有关活动，完成妇联交办的工作任务。

3.发挥自身优势，牵头负责项目实施，推进项目顺利有效运行。

4.积极宣传党的路线方针政策，宣传马克思主义妇女观和男女平等基本国策，营造有利于妇女儿童发展的良好氛围。

5.积极联系妇女群众，主动反映有关妇女儿童相关的新情况、新动态、新问题，并提出合理的意见、建议。

**联系协调**

1.同级妇联应根据兼职副主席所申报的项目以及个人所在行业和资源，明确兼职副主席职责分工。

2.兼职副主席应参加同级妇女代表大会，认真履行职责，因故不能出席应提前请假。

3.妇女代表大会闭会期间，同级妇联的相关会议和活动，可根据内容安排兼职副主席参加，兼职副主席应主动参与，积极推动相关工作的落实。

4.区、镇（街道）两级妇联每年应至少组织一次兼职副主席学习交流会、培训会或者论坛，提升兼职副主席业务能力，加强兼职副主席之间的沟通交流，宣传优秀兼职副主席事迹，为兼职副主席相互学习创造条件。

5.同级妇联主席应每季度至少听取一次兼职副主席工作汇报、意见建议等，指导兼职副主席配合开展妇女工作，帮助兼职副主席解决相关问题。

6.按照分工、自身工作属性，兼职副主席应参加联系走访活动，负责联系若干个基层妇女组织、功能型妇女小组、社会组织等。

## 项目管理

**(一)项目申报**

1. 区、镇（街道）兼职副主席入职后每年年初进行项目申报。项目应紧密结合妇联工作实际，有明确的项目名称、目的和出发点、实施内容及过程、预期效果等，有一定的可操作性和认可度。每个项目应以3～5年为限。

2. 同级妇联应适时推出一批创新工作项目清单，供兼职副主席参考。

**(二)项目实施**

1. 组建项目工作组：兼职副主席应担任项目执行官，组建项目工作组，承担项目第一责任人的职责，按照“愿、优、专”的标准，吸收各级妇联执委和社会优秀女性参与，实行团队运作模式，确保项目落实落地。

2. 制定项目计划表：兼职副主席应制定项目计划表，层层细化项目内容，严格安排项目进度，有效整合项目资源。

3. 组建项目导师团：区妇联应邀请商务、金融、人社、农林、司法等相关领域专家组成项目导师团，通过不定期现场指导，听取项目汇报，开展项目评比，召开项目推进会等方式，对每个项目启动、持续、完成的时间及进展情况进行有效指导。

4. 确保项目有实效：每个项目按照“一段一结”的办法，对项目实施中发现的问题及时调查分析，适时调整、修正，确保项目按照预定目标有效执行。

## 项目评估

**(一)项目评审**

区妇联每年年底召开年度区、镇（街道）兼职副主席项目评审会，由兼职副主席进行项目实施情况总结展示，由评审团对项目进行综合评价，评价结果列入兼职副主席年度考核。

**（二）项目评分标准**

1. 精细性占10分：项目内容条理清晰，步骤分明，大项目下包含若干子项目，结构完整。

2. 实事性占20分：项目内容务实，可操作性强，贴近妇女工作实际，能体现切实为妇女群众服务。

3. 决策性占20分：项目符合妇联工作职能，符合党的群团工作的发展方向，体现创新性、长远性和前瞻性。

4. 辐射性占20分：项目开展过程中，能紧密配合所在镇（街道）妇联工作，项目内容能辐射到整个镇（街道）甚至全区。

5. 成效性占25分：项目实施效果明显，群众反映良好。

6. 语言表达占5分：口齿清晰流畅，条理清晰，富有逻辑性，用词准确、恰当、有分寸，时间控制在8分钟内。

**（三）项目扶持**

区妇联建立项目专项经费，应根据年度评审情况对区、镇（街道）两级妇联兼职副主席实施的发展势头好、运行效果佳、示范推广意义强的项目给予扶持和奖励。

**考核评价**

1. 同级妇联应对兼职副主席建立档案，加强考核，实行动态管理。

2. 各级兼职副主席应做好年度履职情况总结及项目工作报告，提交同级妇联。

3. 同级妇联每年应根据兼职副主席履职情况、协助同级妇联妇女工作目标责任制完成情况等对兼职副主席进行年度评价，评价结果纳入兼职副主席个人档案。

4. 各级兼职副主席应在届满前向同级妇女代表大会提交书面述职报告。

5. 符合条件的兼职副主席将作为上级妇联荣誉和区、镇（街道）女“党代表、人大代表、政协委员”的优先推荐对象。

6. 各级兼职副主席年度评价连续两年不合格或明显不宜续任的，同级妇联应提交执委会免去其兼职副主席职务。

## 第四节　村（社区）妇联执委积分管理

**范围**

本标准规定了台州市路桥区村（社区）妇联执委积分构成、积分办法和积分应用等内容；本标准适用于台州市路桥区村（社区）妇联执委积分的应用、评分等活动。

**积分构成**

1. 基础积分：明确对执委的基本要求。

2. 贡献积分：树立执委争先指数的标准高线，激励执委争当先锋，争做表率，树立良好形象。

3. 负面积分：对不履职、不作为、影响差的执委进行扣分。

**积分办法**

**（一）基本要求**

1. 各镇（街道）妇联应参考区妇联发布的评分标准，制定各村（社区）个性化、精细化的评分细则和考核体系。

2. 各村（社区）妇联可根据自身实际情况，探索更加便捷高效的积分服务方式，确保积分管理有效推行。

3. 结合实际，设计制作和使用积分手册、积分卡、积分榜，可运用信息化手段开展积分。

4. 各村（社区）妇联应成立由村“两委”、党员代表、女村民代表组成的考评小组，具体负责执委纪实管理、积分考评，采取“亮绩”“考绩”“评绩”“定绩”的方式进行积分，应做到“年初有目标、年中有纪实、年底有考评”，并做到每季汇总、半年公示、年底评比兑现。

**(二)执委个人“亮绩”**

执委应对照积分内容和评分细则，年初向所在妇联递交书面“三问一承诺”（见附录A)、工作项目清单，妇联组织晒出执委承诺书和清单。执委对照承诺书及参加活动情况，每年进行一次自查自评，向妇联汇报本人积分情况。

**(三)考评小组“考绩”**

考评小组对照执委个人自查自评情况，根据记录、资料和群众的反映，每年逐条逐项进行考评打分。执委对打分有异议的，可向妇联反映，妇联应及时调查核实。

**(四)妇女参与“评绩”**

根据本村妇情，组织一定数量的妇女代表，对执委年度积分情况、考评小组及妇联的评分情况进行评价监督，提出建议。妇女群众有异议的，妇联应及时调查核实。

**(五)妇联集体“定绩”**

每年年底召开全体执委会议，根据积分情况，逐一对执委的积分情况进行综合评定，并确定执委本年度总积分，在一定范围内予以公示，接受妇女群众监督。

**积分应用**

1. 村（社区）“妇女之家”设立执委“积分超市”，执委可根据积分多少兑换相应奖品。

2. 积分应用应综合施策、放大效应，注重与基层妇联组织标准化建设、先进妇女组织、优秀妇女干部评选等相关制度衔接，奖惩结合，使优秀执委添动力、后进执委有压力。

3. 积分可作为执委推优的重要依据，积分较低的限期改正，连续两年积分未满60分的，建议退出执委队伍。

**评分参考标准**

村（社区）妇联执委积分管理评分参考标准见附录B。

附录A（规范性附录）

## 路桥区村(社区)妇联执委“三问一承诺”

村（社区）: 日期: 年 月 日

<table>
<tr><th>姓名</th><th></th><th>职务</th><th></th></tr>
<tr><td>我能为妇女儿童做什么（能力）</td><td colspan="3">1.我有闲暇时间;<br>2.我懂法律,能帮助维权;<br>3.我善于组织活动;<br>4.我擅长宣传活动;<br>5.我擅长文体活动;<br>6.我对周边村民家庭情况比较了解;<br>7.我擅长做家庭教育工作;<br>8.我有一定的经济基础和人脉资源;<br>9.其他______________</td></tr>
<tr><td>我想为妇女儿童做什么（意愿）</td><td colspan="3">1.我想参加帮扶困难妇女儿童的志愿活动;<br>2.我想帮助妇女儿童维权;<br>3.我想带领妇女姐妹们组织各类妇女活动;<br>4.我想参与家教、科普等知识的宣传活动;<br>5.我想调解周边村民家庭矛盾;<br>6.我想参与巾帼志愿服务工作;<br>7.其他______________</td></tr>
<tr><td>我决心为妇女儿童做什么（担当）</td><td colspan="3">1.我决心积极参加各类志愿活动,彰显本村妇女风采;<br>2.我决心积极帮助不懂法律的姐妹,保障妇女儿童合法权益;<br>3.我决心参与宣传,普及家庭教育知识,开展“文明家庭”“平安家庭”等创建活动;<br>4.我决心带领组织妇女姐妹们开展广场舞等文体活动,共同健身塑形,做更好的自己;<br>5.我决心主动调解村民家庭矛盾,为建设和谐家庭做贡献;<br>6.我决心带头参与爱心公益活动,为困难的妇女儿童献爱心、送温暖;<br>7.其他______________</td></tr>
</table>

续　表

| | |
|---|---|
| 一句话公开承诺（职责） | 我承诺<br><br>承诺人(签名)： |

备注1："三问"对照自身，请在相应的条目打钩（可以多选）。

备注2："一承诺"可参考第三问，也可用自己的话表述。

附录B（规范性附录）

## 村(社区)妇联执委积分管理制度评分参考标准

| 内容 | | | 分值 |
|---|---|---|---|
| 基础分值 | 履行执委基本职责 | 按规定参加执委会议、执委议事会、各类学习培训活动，每参加一次计0.5分；执行妇女代表大会决议 | 8 |
| | | 发挥工作优势和个人特长，根据分工积极负责妇联某方面的工作 | 9 |
| | | 每年至少走访所联系的妇女群众3次，为所联系的困难家庭和妇女提供力所能及的帮助。积极收集妇情民意，反映妇女意见、建议和诉求 | 15 |
| | | 每年年初公开“三问一承诺”承诺书，计1分；积极执行项目清单制度，每次活动计3分；积极执行轮值主席制度，组织策划轮值活动成效明显的，计5分。本项最高20分 | 20 |
| | | 在执委工作手册上完整记录执委工作，每月至少一条，一条计0.4分，最高8分 | 8 |
| | 发挥巾帼示范作用 | 主动参与并创建“平安家庭”“文明家庭”“最美家庭”“美丽庭院”等活动，以自身的好家风带动并影响妇女群众 | 10 |
| | | 积极助力中心，参与上级妇联和本村(社区)开展的“五水共治”“乡村振兴”“垃圾分类”等工作，每参加一次计3分；最高15分 | 15 |
| | | 积极参与各类网格型妇女小组和功能型妇女小组，参与各类志愿活动。每参加一次计3分，最高15分 | 15 |
| 贡献分值 | 参加区级PK赛，一次加2分 | | |
| | 提出的加强与改善妇女工作的意见和建议被村“两委”或上级妇联采纳的，每条加1分 | | |
| | 获得各类先进荣誉的，一次加2分 | | |
| | 所联系的工作被媒体报道的，每次加1分 | | |
| | 积极参加区、镇(街道)两级公益志愿服务活动，区级一次加4分、镇(街道)级一次加2分 | | |
| 负面分值 | 不履行执委职责，无故不参加执委会、不参加主席轮值 | | –5 |
| | 不配合、不支持党政中心工作 | | –5 |
| | 因作风不正派、不孝敬老人等造成不良影响 | | –5 |

# 第五节　各级妇联执委联系妇女群众工作

## 范围

本标准规定了台州市路桥区基层妇联执委联系妇女群众工作的工作原则、联系任务、联系内容和方式及工作机制等内容；本标准适用于台州市路桥区基层妇联执委联系妇女群众工作的实施和管理。

## 工作原则

坚持把联系和服务妇女群众作为妇联工作生命线，就地就近，长期联系，经常交流，真正把妇联建设成为可信赖依靠的“坚强阵地”和“温暖之家”。

## 联系任务

### (一)联系对象

1. 区妇联执委应每人联系1个镇（街道）妇联、1个村（社区）或两新组织妇女组织、1个女性社会组织和10名不同群体的妇女群众。

2. 镇（街道）妇联执委应每人联系1个村（社区）妇联组织、1个两新组织妇女组织和10名有代表性的妇女群众。

3. 村（社区）妇联执委应结合本村（社区）实际，每人应联系不少于20名妇女群众。

4. 应重点联系弱势困难妇女，尤其是贫困“两癌”患病妇女、单亲特困母亲、移民贫困妇女、因病因家庭重大变故致贫妇女。困境儿童、留守儿童、流动儿童、孤寡老人等弱势群体，也宜列入联系对象中落实结对帮扶。应兼顾好联系对象的广泛性和代表性。

### (二)联系频次

1. 区、镇（街道）妇联执委应与所联系的妇女群众每月至少沟通一次，与所联系的基层妇联组织每季度至少实地走访一次，并收集妇情民意、意见、建设不少于5条。

2.每年至少应为所联系的基层妇联组织办1～2件实事，帮扶2～3个困难妇女及家庭。

3.村（社区）妇联执委，每月与所联系妇女群众至少上门走访、交流一次，及时了解她们的需求。

4.对于特殊联系对象，宜根据情况随时上门帮扶。

**联系内容和方式**

1.设立区妇联执委工作室和流动工作室，区妇联执委分成10个组分别下到10个镇（街道），每月自设主题轮流开展执委服务妇女活动，在活动过程中注意收集妇情民意。

2.区妇联开通“执委在线”线上平台，及时在线解答。

3.村（社区）妇联应结合本地实际，线下通过面对面、电话、信件沟通，线上利用微信、QQ等新媒体交流。

4.注重妇女群众思想引领：

（1）做好所联系妇女群众的思想政治引领工作。通过定期谈心，及时了解和把握她们的思想动态，有针对性地进行分类细化引导。通过主题文艺演出、上党课等，运用妇女群众喜闻乐见的语言和方式传递正能量。

（2）注重发挥所联系妇女的积极作用，争取把工作对象培养成为工作力量，辐射带动、吸引凝聚更多妇女群众，形成倍增效应。

5.发现和推动问题解决：

（1）定期对所联系妇女群众的思想困惑、实际困难以及对妇联组织和妇联工作的意见建议进行梳理分析，及时将具有普遍性的问题和建议反映给基层党组织、妇联组织或相关部门。

（2）依托所在妇联组织，积极争取党政支持，整合社会资源，为所联系妇女群众办好事、实事。重点做好访贫问苦工作，通过实地察看、捐助财物等方式走访慰问，帮助所联系妇女群众解决日常生产生活等方面的实际困难。

**工作机制**

**(一)交流分享机制**

通过区妇联微信公众平台“执委在线”栏目、区妇联网站、微博等媒介，每月推送宣传各执委联系服务的有效办法和取得的成效。

**(二)督导激励机制**

1. 各级妇联执委应在联系和服务妇女群众工作过程中认真撰写执委工作手册，实时记录履职情况。

2. 上级妇联通过实地调研、面对面交流、查看执委工作手册，评估妇女群众对妇联执委直接联系妇女群众工作的满意度。

3. 妇联执委应在每年年底主动向同级妇联反馈本人联系妇女群众的情况，妇联组织应把评估情况和个人总结情况作为妇联执委工作考核与评先推优的重要依据。

## 第六节　各级妇联执委项目清单

**范围**

本标准规定了台州市路桥区各级妇联执委项目清单的工作原则、基本要求、申报公开流程、实施进度和工作考评等内容；本标准适用于台州市路桥区范围基层妇联执委项目清单的管理、实施和评价。

**工作原则**

坚持把服务党建、服务妇女儿童作为执委工作的坐标点，挖掘项目资源，力求清单内容能落地、可操作、好检验。

**基本要求**

1. 妇联执委项目清单主题设置：根据妇女儿童的不同需求，设置女性素质提升、家庭文明、巾帼创业创新、维权关爱、志愿服务、参与社会治理、助力中心工作等主题。

2. 数量设置：妇联执委根据各自工作实际和自身特长优势，每年至少围绕主题列出一项项目清单。

3. 时间要求：每年3月底前申报，12月底在执委会上做述职交流。

**申报公开流程**

**(一)自主申报**

明确项目的名称、出发点、实施对象、工作措施、预期效果等，填写“区妇联执委年度项目申报表”（见附录C），本人签字，提交本级妇联。

**(二)审核确认**

本级妇联领导班子对项目进行集中审核，确认后编制项目清单目录，并将审核意见反馈执委个人。

**(三)公开发布**

1. 区妇联执委项目清单在路桥区妇联微信公众平台“执委在线”栏目和路桥妇联网站挂载公布，并以文件形式公开。

2. 镇（街道）妇联执委项目清单在本镇（街道）微信公众平台和微信群挂载公布，并以文件形式公开。

3. 村（社区）妇联执委项目清单在村（社区）公开栏里公布，接受群众监督。

**实施进度**

1. 项目清单一经公示，执委应严格遵照执行，不应擅自更改，确需调整的，应按程序重新申报审批后方可实施。

2. 项目清单原则上应在当年完成，运行良好、服务对象满意度较高、社会影响较好的项目，可作为延续项目。

**工作考评**

1. 通过联合督查、项目观摩、述职评议等方式，对执委项目清单落实情况全程跟踪了解，加强督查考核。

2. 对项目清单成效显著的执委，评先推优；对项目清单完成不力的执委，适时进行调整。

附录C（规范性附录）

## 区妇联执委年度项目申报表

（20　年度）

| | | | |
|---|---|---|---|
| 姓名 | | 联系电话 | |
| 单位 | | 所在执委小组 | |
| 专业特长 | | | |
| 服务清单 | | | |
| 审核意见 | | | |

# 第六章　基层妇联组织阵地建设规范

## 第一节　妇女之家

**范围**

本标准规定了台州市路桥区“妇女之家”建设的总体目标、主要功能、管理要求等内容；本标准适用于台州市路桥区各地“妇女之家”的建设和管理等活动。

**总体目标**

凡成立基层妇联组织的，应同步建设网上网下“妇女之家”，发挥宣传党的路线方针政策、传播科学文化知识、联系妇女群众、服务妇女群众的作用。

**主要功能**

**(一)宣传教育**

加强政策宣传，及时把中央精神和重大部署直通到基层、落实在基层，引导妇女支持改革、参与改革。组织妇女开展读书活动，参加现代远程教育等多形式、多内容的学习，开展科技、环保、妇幼卫生保健、家庭教育、实用技术等培训。

**(二)家庭建设**

组织开展好家庭文明创建活动，培树良好家风，加强家庭教育，推进家政服务，促进家庭和睦、社会和谐。

**(三)维权服务**

提供矛盾调处和维权服务，调解邻里纠纷和家庭矛盾，协调处理家庭暴力事件，引导妇女依法维护自身合法权益。提供婚姻家庭、道德规范、心理调适等方面的咨询和创业就业信息服务。为留守、流动等困难儿童及家庭提供力所能及的关爱和服务。

**(四)组织活动**

1.着眼妇女实际需求、利益关切、兴趣爱好，组织开展内容丰富、形式多样、有益身心的文体活动，丰富妇女群众的精神生活，不断提高文化素养。

2.应围绕党委政府中心工作，广泛开展巾帼志愿者服务活动。

3.宜在三八妇女节、六一儿童节、母亲节等重大节日，围绕权益维护、敬老爱亲、科学教子、健康生活、环境保护、文化娱乐等方面开展群众性文体活动。

**管理要求**

**(一)活动场所**

1.“妇女之家”建设要求必须有固定的活动场所及必要的配套设施，并实现挂牌。原则上农村一般应有不小于20平方米、城市社区一般应有不小于50平方米的室内活动场所和有100平方米以上室外文体活动场地。其他组织“妇女之家”一般应有15平方米的活动场所。

2.建设要充分体现实际、实用、实效原则，尽量做到一室多用、一所多能，能够满足妇女工作的实际需要。

**(二)制度建设**

应制定包含“妇女之家”工作管理制度、妇女基本情况登记制度、信访维权制度、妇女代表联系制度、宣传培训制度、活动登记制度、家庭教育工作制度等。有条件的地方可设立服务热线，电话号码向群众公布。

**(三)工作人员**

“妇女之家”由妇联主席担任负责人，通过争取公益岗位、巾帼志愿者服务等办法，把政治文化素质较高、热心妇女事业、具有一定专长的人士选聘为“妇女之家”工作人员，并做好记录。

# 第二节　网上阵地

**范围**

本标准规定了台州市路桥区妇联工作网上阵地的总体目标、主要功能和管理要求等内容；本标准适用于台州市路桥区妇联工作网上阵地的管理活动。

**总体目标**

充分运用网络和新媒体建立与各族各界、各行各业妇女群众的广泛联系，构建联系网、工作网、服务网整体合一的“互联网＋妇联”工作新格局。

**主要功能**

1. 加强思想引领，深入开展党中央治国理政新理念、新思想、新战略网上学习宣传。

2. 大力弘扬传播社会主义核心价值观，广泛开展各种形式的网络宣传活动。

3. 发挥移动互联网优势，建立“3＋X”等组成的各类基层妇女工作微信群，将其作为上情下达、沟通联系、收集民意的平台，开展“微宣传”“微课堂”“微论坛”等服务，促进妇联组织扁平化运转。

**管理要求**

1. 妇联应全面整合专兼职妇联干部、妇联执委、巾帼志愿者、各类女性组织带头人等力量，建立网宣员队伍。

2. 妇联应选拔资深妇女工作者等组成巾帼网评员队伍。

3. 妇联应加强网评员、网宣员的教育培训和日常管理。

4. 妇联工作人员应加强网上阵地的管理。

# 第七章　基层妇联组织信息平台管理规范

## 第一节　微信

**范围**

本部分规定了台州市路桥区妇联微信公众号运营人员及职责、官方微信管理、官方微信制作、内容要求及信息发布程序、微信群使用方法、微信群管理等内容；本部分适用于台州市路桥区基层妇联组织的官方微信公众号的管理和微信群管理。

**微信公众号运营人员及职责**

1. 微信公众号应由微信工作专员日常管理。微信工作专员为微信工作主要编辑人、联系人。

2. 微信工作专员应负责资料收集、微信采编、微信后台操作和经分管领导审核后的信息发布。

**微信公众号管理**

1. 任何人未经妇联授权不应随意发布信息或更改区妇联微信公众号的资料。

2. 微信发布及资料访问权限应由微信工作专员负责管理，禁止向无关人员泄露密码。

3. 妇联官方微信公众号发布信息应严格履行审核程序，未经审核的信息不得发布。

4. 发布、转载有关信息应遵守国家保密工作和知识产权规定，未经授权，不得发布、转载。

5. 各镇（街道）妇联应配合区妇联办公室做好微信公众号的运行，根据需要及时提供所需信息材料。

**微信公众号信息管理要求**

**(一)微信素材要求**

1. 图片大小限制：2M，格式限制：bmp、png、jpeg、jpg、gif。

2. 封面大小：700 × 300 像素。

3. 正文图片：宽：395，高：22。

4. 语音：大小限制：5M，长度限制：60s，格式限制：mp3、wma、wav、amr。

5. 视频：大小限制：20M，格式限制：rm、rmvb、wmv、avi、mpg、mpeg、mp4。

**(二)信息供稿要求**

1. 报送信息及时、准确。

2. 注明信息来源。

3. 文字简洁、表达清晰。

4. 图文结合，形象生动。

**(三)信息发布要求**

在妇联官方微信发布信息，应由微信工作专员编辑、整理，经分管宣传工作的领导审核后方可对外发布。定稿后的信息要当天发布。

**(四)发布信息范围**

1. 妇联通知、活动预告。

2. 各种重要活动动态。

3. 妇联形象宣传、文化建设、公益活动等。

4. 根据近期发生的有关妇女儿童相关的新闻，整理和发布专题。

5. 出于工作需要，认定需发布或转发的其他信息。

**（五）微信群功能定位**

1. 宣传功能，发挥联系妇女群众的桥梁和纽带作用。

2. 组织功能，创新活动组织形式。

3. 服务功能，及时回应妇女所需所盼，解决妇女的实际困难和问题。

4. 互动功能，促进上传下达、信息共享。

5. 联系功能，增进妇女群众之间沟通、交流与联络。

**微信群管理**

**（一）进群要求**

1. 微信工作群只加定向的人员，其他人员未经审批不得进入。未经管理员同意，不得擅自拉人进群。工作群成员应按规定要求修改群昵称，统一使用实名。

2. 微信交流群遵循“谁创建、谁主管”原则，群管理员应严格执行微信群管理办法，负责群成员聊天监管、违规处理等。

3. 微信群名称应按照功能和作用命名。

**（二）管理员职责**

1. 管理员应结合实际需求创建微信群，用于日常工作交流，任务传达，与群众的联系。

2. 管理员对于群内反映的问题应及时予以回复确认。

3. 微信群里出现的不能及时解决的问题，管理员要及时传达给相关人员并督促落实推动解决。

4. 管理员负责日常监督群成员交流内容，严禁成员发布煽动性、过激性信息以及反动、色情等不健康的内容。群内聊天内容杜绝人身攻击、谩骂他人，一经发现立即提醒，不予配合者，一律移出微信群。

# 第二节 网站

**范围**

本部分规定了台州市路桥区妇联网站域名、网站建设和网站管理等内容；本部分适用于台州市路桥区妇联官方网站的管理活动。

**网站域名**

路桥区妇联官方网站域名为：http://lqfl.luqiao.gov.cn/。

**网站建设**

1. 区妇联网站建设应委托专业网站制作公司负责页面设计、页面维护及安全补丁加载，签订委托合同和保密守则。

2. 区妇联网站建设完成后应委托第三方具有安全等级检测资质的公司对网站等级保护进行测评，并根据测评结果进一步修复完善，形成安全等级评估报告，提交区公安分局备案。

3. 区妇联网站应委托有资质的专业公司负责网站的安全防护和日常监测。

**网站管理**

**(一)组织与人员**

1. 区妇联网站应由办公室负责日常管理和运行。

2. 区妇联网站应设管理员，负责网站管理、信息发布、信息录用和内容更新，应确保每周至少更新一次。

3. 各镇（街道）妇联应设信息员，负责根据系统分配的账号做好各自辖区妇联工作信息在区妇联网站后台的上传工作。

**（二）网站信息管理**

1.信息发布范围

（1）区妇联网站应设置最新公告、妇女发展、家庭文明、儿童工作、组织建设、维权驿站、妇儿工委、风采展示等固定栏目及专题专栏等可变动栏目。反映各级妇联工作的动态信息、经验交流、文件通知、部门预算等内容经审核后均可在网站上发布。

（2）网站不应发布煽动性、过激性信息以及反动、色情等不健康的内容，不应发布涉密信息。

2.信息发布流程

（1）区妇联网站管理员及各镇（街道）妇联信息员上传文字信息时应通过电脑自带的“记事本”或“文本”软件去除格式后复制粘贴到网站后台系统。插入的照片应通过软件处理压缩到1M内后上传。

（2）区妇联网站管理员负责对网站后台信息进行初审，经分管宣传工作的领导审核后方可发布。

**（三）安全策略**

1.应建立区妇联网络信息安全工作领导小组，落实网站管理员具体负责妇联网站的安全工作以及与设计公司、安保公司的日常联系。

2.区妇联全体机关干部应加强安全防范意识，接受网络与信息安全培训。

3.应建立重点节日、节点24小时网站安全事件响应机制，遇到不安全事件及时向区网警大队、区网信办报告，并立即关闭网站。

4.区妇联办公室应实施业务连续性管理，通过分析安全事件对业务系统的影响，制订并实施应急方案，并委托有资质的专业公司对网站进行定期更新、维护和测试。

5.安全管理员职责包括：

（1）负责网站安全制度的贯彻执行。

（2）负责制定信息系统安全规划，并在实施过程中逐步完善。

（3）采用规范化的形式对系统进行操作，降低和避免因误操作所引发的信息安全事件的可能性。

（4）负责对安全设备或系统运行维护管理，对安全设备或系统运转情况进行定期检查、维护、故障处理和变更管理。负责组织实施安全设备或系统各类事故（故障）的应急处理。

（5）负责制订安全检查计划，至少每季度检查一次。

（6）当出现安全事件时，及时上报，并配合相关的调查和纠正工作。

（7）负责与外部安全机构的协调联系，在发生重大安全事件时努力争取外部安全机构的支持。

（8）加强对信息系统外包业务与外包方的管理，在与信息系统外包方签署的服务协议中，对信息系统安全提出明确要求。加强对外包方访问信息系统的管理，防止外包方危害信息系统安全。

（9）重视对IT服务连续性的管理，建立对各类信息安全事件的预防、预警、响应、处置、恢复机制，积极参与全区组织的安全测试和演练，在信息系统发生故障或事故时，能迅速、有序地进行应急处置，最大限度地降低因信息系统突发事件或意外灾害给信息系统所带来的影响。

（10）在符合国家密码管理相关规定的条件下，合理使用密码技术和密码设备，严格密钥生成、分发、保存等方面的安全管理，确保密码技术使用的安全性。

6. 保密管理制度。

网站管理员应严格执行保密制度，未经允许不应向他人泄露账号、密码及后台导出网站数据。

# 第八章　基层妇联组织维权服务规范

**范围**

本标准规定了台州市路桥区各级妇联的法治宣传、信访接待、纠纷调解、反家暴工作等内容；本标准适用于台州市路桥区各级妇联维权服务的管理、实施、监督等活动。

## 第一节　法治宣传

妇联应结合地方特色开展各类普法宣传活动，利用网络新媒体开展宣传，利用重要节点开展网上网下宣传。

**(一)宣传内容**

《中华人民共和国妇女权益保障法》《中华人民共和国反家庭暴力法》《中华人民共和国就业促进法》《中华人民共和国未成年人保护法》《中华人民共和国民法典》等。

**(二)重要节点**

应在3月1日、3月8日、6月1日、6月26日、11月25日、12月1日、12月4日等节点集中开展主题普法宣传。

**(三)宣传方式**

1.线上宣传：微信公众号宣传、微信群宣传、网站及各类新媒体宣传。

2.线下宣传：普法讲座、普法演出、法律咨询、进村入户宣讲及各类阵地宣传。

## 第二节　政策法规(文件)性别平等咨询评估工作

**评估范围**

区政府行政规范性文件，包括由区政府发布和经区政府同意由区政府办公室发布的行政规范性文件。

**评估目标**

从源头上保障妇女权益，在政策文件制定和实施过程中体现性别平等原则。

**评估主体**

**(一)评估组织者**

政策文件性别平等咨询评估工作联席会议商定具体咨询评估项目。

**(二)评估参与者**

政策文件性别平等咨询评估工作专家组，应结合咨询评估项目内容，确定专项评估小组负责人及成员。

**评估内容**

政策文件性别平等咨询评估工作专家组应对规范性文件的制定和实施中涉及性别平等及妇女权益保障有关内容、情况，以及对性别平等的潜在影响因素进行调研论证、跟踪调查、舆情收集、分析评价，及时评估其合法性、合理性、科学性和有效性，并对实施情况进行跟踪调研。

**评估工作程序**

1. 咨询评估应按照“接受委托—收集研判信息—论证评估—提出建议意见—给予反馈答复”的流程开展工作。

2. 对涉及妇女权益的规范性文件征求意见稿，应提请联席会议共同研究商定出具委托书（见附录A）委托专家组进行评估，应直接邀请专家组成员参加，从性别平等和妇女权益保护角度咨询与征求专家意见。

3.专家组组长应根据项目具体情况选择对应的专家、有关部门负责同志及相关人员成立咨询评估小组，在规定时间内，采取问卷调查、理论研讨、实证研究等方式，进行性别平等原则的研判和分析。

4.评估结果形成书面评估报告（见附录B）供政策文件制定或者实施的相关单位、部门参考。

**结果运用**

评估报告中涉及规范性文件草案的意见和建议，应以书面形式反馈给联席会议办公室和专家组办公室。对涉及上级政策法规的意见和建议，应由妇联联合司法局向上级反映。

## 第三节　婚姻家庭纠纷调解工作

**建立婚姻家庭调解机构和调解员队伍**

**(一)建立婚姻家庭调解机构**

**(二)建立婚姻家庭纠纷人民调解委员会**

婚姻家庭纠纷人民调解委员会应设主任1人，并配备专职人民调解员，由同级妇联分管领导担任。婚姻家庭纠纷人民调解委员会的设立和人员组成应报同级司法行政机关备案。婚姻家庭纠纷人民调解委员会应在同级妇联领导下开展工作，由同级司法行政机关负责业务指导。

**(三)建立婚姻家庭纠纷调解室**

各镇（街道）及村级调解组织应有固定的婚姻家庭纠纷调解室或家事会客厅，有上墙制度。对于调解的案件，应有登记、有档案、有回访。工作卷宗应按年份单独整理归档。调解室工作人员应熟识婚姻家庭纠纷调解相关工作流程。

**（四）建立婚姻家庭纠纷调解员队伍**

婚姻家庭纠纷调解员队伍由妇联牵头，由法院、检察院、公安分局、司法局、婚姻登记中心工作人员、专业律师，各镇（街道）妇联主席以及心理咨询师、婚姻家庭咨询师、社会工作师等社会专业人士组成。服务宗旨是为妇女儿童提供法律、政策、心理咨询、婚姻家庭指导、关爱帮扶等多元化及有针对性的服务。

**队伍建设**

定期对婚姻家庭纠纷调解员进行专题培训，内容包括：

1. 婚姻家庭纠纷调解相关法律法规等知识。

2. 婚姻家庭纠纷调解的基本原则和办案程序、技能和方法。

3. 婚姻家庭纠纷调解文化等调解理论与实务。

4. 婚姻家庭纠纷调解员职业操守。

**工作制度**

1. 建立婚姻家庭纠纷登记簿，对相关当事人的纠纷进行登记，并建立报表数据。调解文书档案要装订成册，妥善保管。婚姻家庭纠纷调解数据应及时上报。

2. 婚姻家庭纠纷调解员对已调解的婚姻家庭纠纷，特别是较复杂的或有可能出现反复的纠纷应每月进行回访。

3. 婚姻家庭纠纷调解员每月对辖区内的婚姻家庭纠纷进行摸底、登记、处理。

4. 婚姻家庭纠纷调解员应将收集的婚姻家庭纠纷的征兆和信息传送到妇联组织。

5. 婚姻家庭纠纷调解员有下列情形之一的，必须自行回避，纠纷当事人有权申请其回避：一是与纠纷当事人一方有亲属关系；二是与本纠纷有直接利害关系；三是与纠纷当事人一方有其他关系。当事人提出回避申请的，应说明其理由，回避申请在调解前提出，也可以在调解中提出，被申请回避人员在当事人提出回避申请后，应暂停本纠纷的调解工作。

# 第四节　家庭暴力案件处理

**目标任务**

立足妇联职责，了解掌握家庭暴力现实状况及存在的突出问题，加强与相关部门协作配合，积极推动家庭暴力突出矛盾及典型案件的及时化解，依法保障妇女儿童合法权益。妇联应配合当地派出所加强反家暴工作站建设，做到专人负责、制度规范、档案齐全。

**工作原则**

1. 应坚持预防为主、标本兼治、综合治理的方针。

2. 调解家庭暴力纠纷，应查明事实、分清责任，实行教育、调解与处罚相结合。

3. 处理家庭暴力案件，应遵循及时、有效、干预的原则，防止事件升级，注重保护受害者及未成年人的合法权益。

**工作措施**

**(一)建立预警快速反应和联动处置机制**

村（社区）发现正在实施的家庭暴力或者疑似家庭暴力事件，应及时向公安机关报案，做到早发现、早报告、早处理。妇联可与公安机关联合组建家暴警情处置微信群，对于公安分局在微信群推送的家暴警情，当地妇联干部应积极响应、同步出动、共同处置，形成家暴警情处置快速反应机制，提高对家暴警情的处置效率。

**(二)健全家暴告诫和分级惩处机制**

妇联应积极参与各类家暴案件的处置工作，配合公安机关开展分类依法打击处理。

1. 对受害人投诉的家庭暴力事件予以劝阻、调解。

2. 对正在实施的家庭暴力，帮助受害人及时向公安机关报案。

3. 对于首次实施家庭暴力的施暴者，且情节较轻的，坚持调解的原则，对施暴者视情节予以批评、训诫，或由公安机关出具家庭暴力告诫书，告知其应承担的法律责任及相应的后果，防范和制止事态扩大。

4. 对于再次、多次实施家庭暴力的施暴者，由公安机关视情节轻重依法处理。

**（三）建立家暴家庭分类定级及跟踪回访制度**

1. 家暴家庭分类定级

各级妇联应按照家暴次数、情节严重程度对存在家庭暴力或者有家庭暴力隐患的家庭进行分类定级。

（1）一级关注家庭为因家庭暴力重复报警3次及以上或者因家庭暴力被公安机关处罚的、未报警但曾因家庭暴力造成重大人身伤害的；

（2）二级关注家庭为报警3次以下且未因家庭暴力被公安机关处罚的，或曾有家庭暴力行为但未报警，取得受害人谅解的；

（3）三级关注家庭为家庭矛盾突出，有家庭暴力隐患的。

2. 家暴跟踪回访制度

对于所有的家暴案件，首次回访应在发放家暴告诫通知书后一周内由驻村（社区）民警和村（社区）妇联干部上门，之后分级分类每月开展跟踪回访工作，一年后如无再发生家暴事件，方可结束回访工作，并根据实际情况对各家庭进行重新分级，实行动态管理。

3. 建立家暴联席会议和分析研判机制

妇联可牵头建立家暴联席会议机制，组织相关单位每月对家暴案件进行梳理分析，剖析典型案例，分析家庭暴力产生的起因、特点、影响。通过政府购买服务及依托各类维权社会组织，有针对性地开展反家暴疏导项目。

# 第五节　信访接待

## 阵地建设

**(一)维权服务站建设**

区建立金琴云维权工作室，各镇（街道）建立维权服务站，村（社区）建立维权服务点，就近为妇女群众提供维权服务。

**(二)12338热线**

1.12338热线应提供专业性、规范性、权威性的热线咨询服务，并定期组织、邀请法律、社会、心理等方面的专家学者以不同内容为主题，开展不同形式的专家热线咨询或面询。

2.12338热线可根据妇女儿童的需求，定期开设专家面询，包括婚姻家庭调适及心理、政策、法律等方面的内容。

3.12338热线在工作时间应有专人接听，接听人员应用普通话，语言流畅。

4.12338热线应提供有效的咨询意见或正确转介。

**(三)来信/网上投诉处理**

1. 可开通网上投诉受理窗口。

2. 网上投诉应在3个工作日内及时回复或处理。

## 信访接待制度

**(一)首问责任制**

1. 凡来人或通过电话到妇联申请办事、咨询或者投诉时，所接触的第一位机关工作人员即为首问责任人。

2. 首问责任制是指首问责任人应解答、处理办事人提出的问题，或指引办事人到有关单位或部室处理所提问题和所办事项的工作制度。

**（二）领导（执委）接待日制**

接待日应每月安排一次，每月的10日为妇联领导（执委）信访接待时间，节假日顺延至上班的第一天。

**信访接待流程**

1. 信访办理人员应填写信访工作登记单，登记来访人姓名、联系方法、来访时间、来访事由等基本资料。

2. 信访办理人员应安装妇联信访信息管理系统，记录群众来信、来访、来电和网上投诉。

3. 对于一般的信访案件，应由信访办理人员询问来访人信访案件基本情况，就信访案件展开分析指导；对于重大或集体上访的信访案件，应由妇联主席接访，信访办理人员协助。

4. 信访案件办理办法如下。

（1）自办：信访办理人员直接办理。

（2）转办：将信访材料转送至相关职能部门办理，若涉及两个以上部门承办的事项，由信访管理人员协调有关部门协商处理。

（3）交办：将信访材料送至镇（街道）妇联办理。

（4）联办：由信访管理人员联系相关职能部门，并抄送信访材料，联合办理。

5. 信访办理人员应将信访工作登记单、信访原件以及处理结果存档。

6. 信访办理人员应对信访案件进行跟踪回访。

## 第六节　妇女维权重难点问题

各级妇联应关注妇女平等就业、妇女合法财产权益维护等维权重难点问题。

附录A（规范性附录）

## 政策文件性别平等咨询评估项目委托书(样式)

编号：

| | |
|---|---|
| 评估项目 | |
| 委托方 | 联席会议办公室 |
| 受托方 | 专项评估小组负责人：<br>小组成员： |
| 委托时间 | |
| 完成时间 | |
| 评估原则 | 1.符合男女平等宪法原则、基本国策以及相关法律法规；<br>2.有利于妇女平等依法行使民主权利、平等参与经济社会发展、平等享有改革发展成果；<br>3.有利于维护妇女合法权益 |
| 评估具体要求 | |
| 双方代表签名 | 委托方代表签名：<br>年 月 日<br>受托方代表签名：<br>年 月 日 |

附录B（规范性附录）

## 政策文件性别平等咨询评估报告

评估项目：

委 托 方：

受 托 方：专项评估小组负责人
小组成员

委托时间：

完成时间：

| |
|---|
| 评估项目总体评价： |
| 评估项目修改意见：(可另附纸)<br><br>专项评估小组签名：<br>年 月 日 |

# 第九章　家庭教育指导服务规范

**范围**

本标准规定了台州市路桥区家庭教育指导服务的术语和定义、组织管理、服务阵地、队伍建设、公共服务供给等内容；本标准适用于台州市路桥区对学校、村（社区）、企业进行家庭教育指导服务活动的管理、实施与评价。

## 第一节　术语和定义

**家庭教育（family education）**

父母以及其他成年家庭成员对未成年人的教育和影响，应坚持立德树人，遵循未成年人身心发展规律，尊重未成年人人格尊严，保护未成年人合法权益。

**服务对象（service subject）**

家庭教育服务的接受者。

# 第二节　组织管理

## 管理机构

**(一)组织成员**

建立区家庭教育联席会议制度，明确各成员单位职责，形成党委领导，政府支持，妇联、教育局牵头，有关职能部门配合，社会群众参与的社会化、开放式工作格局。

**(二)主要职能**

家庭教育联席会议成员单位主要职能包括：

1. 统筹安排，制订工作计划，认真组织实施，扎实有效推进。

2. 完善专题研讨、联合调研、定期通报、监测评估等工作制度。

3. 将家庭教育工作纳入相关规划和考核体系。

4. 领导、协调、组织、督导家庭教育工作各项目标任务落到实处。

**(三)经费保障**

家庭教育联席会议经费主要来源包括：

1. 地方财政预算。

2. 设立专项经费。

**(四)激励创评**

激励创评应做到：

1. 建立家长学校督查评估机制，对辖区各级家长学校进行指导、评估、检查。

2. 将学校家庭教育指导服务工作纳入学校教育管理考核。

3. 建立全区家长学校联络员制度，促进家长与学校之间的沟通、交流。

# 第三节 服务阵地

## 区家庭教育指导中心

### (一)工作目标

充分发挥区家庭教育指导中心的辐射作用，配备工作人员，全面实施“面对面”计划，集培训、研究、指导、服务于一身，健全面对面家教讲堂、肩并肩智慧父母、手拉手成长驿站、心连心专家指导、掌中掌云端课堂等功能区域，为家长搭建一体化指导服务平台。

### (二)服务对象

全区内0～18周岁子女的家庭。

### (三)工作内容

1. 面对面家教讲堂：区妇联层面，利用图书馆等大型场地，邀请专家每年开展5期以上面对面家教大讲堂，为家长提供家庭教育咨询及解惑答疑；学校层面，持续以“平安相伴、健康成长”为主题，邀请省家庭教育讲师团成员赴各学校举办巡回讲座；村（社区）、企业层面，利用文化礼堂、企业活动场所等阵地，组织区家庭教育讲师团成员，开展系列讲座。

2. 肩并肩智慧父母：联合区教育局、机关党工委，开展家长志愿者招募活动，把有成功家教经验、热心家教工作的家长吸收到队伍中来；举办家长公益沙龙，组织家长分享经验、教训及困惑，交流育儿心得。

3. 手拉手成长驿站：抓好植树节、劳动节、儿童节、寒暑假等时间节点，组织开展亲子植树、亲子阅读、夏令营等亲子系列活动。同时，利用图书馆场地，每月开展“大耳朵故事屋”“英语角”“儿童影片欣赏”等适合孩子的公益活动。

4. 心连心专家指导：组织心连心专家团队开展问题家庭、问题少年“一对一”指导，开通心连心专家热线，为家长答疑解惑，找出问题所在，帮助家长科学地教育孩子，帮助问题青少年走出心理困境。

5. 掌中掌云端课堂：完善本级妇女网的“家庭教育”专栏，介绍家庭教育知识，分析家庭教育典型案例，展示辖区各地家长学校风采；扩大QQ、微博、微信公众号等新媒体的影响力，吸收更多家长关注微信，加入路桥区家庭教育微课堂，定期将家庭教育知识传递给家长。

**镇(街道)家庭教育指导服务站**

**(一)工作目标**

以构建基本覆盖城乡的家庭教育指导服务体系为目标，充分发挥镇（街道）家庭教育指导服务站的沟通协调作用，推进家庭教育工作在镇（街道）的实施。

**(二)工作内容**

1. 整合教育资源，建立家教网络。

2. 办好家长学校，健全家教队伍。

3. 普及家庭教育知识，推广家庭教育中的成功经验，帮助和引导家长树立正确的家庭教育观念，掌握科学的家庭教育方法，提高家长科学教育子女的能力。

4. 构建家庭、学校、社会和谐交流的平台，实现三者的良性互动。

**家长学校**

**(一)工作目标**

以构建终身教育体系为核心，以立德树人为宗旨，创造良好的育人环境，实现家长学校的规范化管理。

**(二)主要任务**

1. 向学生家长宣传党和国家的教育方针、政策、法规，宣传家庭教育的意义和作用，提高家长对家庭教育重要性的认识。

2. 普及家教知识，更新家教观念和方法，提高家教能力；指导家长认真遵守《中华人民共和国未成年人保护法》《中华人民共和国义务教育法》等法律法规，保障青少年的合法权益，切实承担起法律赋予家长在培养教育子女方面的义务和责任。

3. 依照不同家庭的家教需求，有针对性地制订切实可行的家庭教育指导计划，帮助和督促家长在培养教育子女中发挥其特殊的、不可替代的作用，引导家长树立正确的教育思想和现代家庭教育理念。

4. 向家长传授科学的家教知识、方法以及未成年人生理、心理发展特点和营养保健知识，指导家长对青少年实施道德教育、素质教育及心理健康教育等。

5. 密切关注青少年教育工作的重点、难点及热点问题，积极开展家庭教育理论与实践的探讨研究，为家庭教育的法律法规建设与政策的制定提出意见和建议。

6. 构建终身教育体系，创建学习型家庭和书香家庭，提高全民素质。

**(三)工作内容**

1. 家长与学校“面对面”：开展集体的授课活动，根据孩子年龄结构等因素组织开展差异化的小型家长学校特色活动。

2. 家长与专家“面对面”：邀请家庭教育讲师团、社会性家庭教育机构的专家为家长做专题讲座，用科学的知识、生动的事例向家长传授育儿经验，接受家长们的问题咨询。

3. 家长与家长“面对面”：以沙龙、分享会、座谈等形式，邀请有丰富家教经验的家长来介绍与分享自己的家庭教育经验和心得体会。

4. 家长与学生“面对面”：通过各种亲子活动，组织家长和学生以朋友的角色“面对面”进行沟通与交流；开展父母做一天“学生”，学生当一天“家长”等角色互换体验活动，引导家长和孩子尽量保持一种平等的地位，遇事互相尊重、互相商议。

**(四)组织管理**

组织管理应符合：

1. 家长学校作为学校、村（社区）、企业工作的组成部分，建立家长学校组织机构，明确工作职责。

2. 建立家长委员会，每年至少召开两次工作会议，每两年进行一次人员调整。

3. 制订家长学校发展规划及年度工作计划，制定教学管理、考评考核，总结表彰、检查测定等各项规章制度。

4. 成立家庭教育讲师团，由有经验的教师、社会知名人士和家长代表组成。

5. 成立本校家庭教育研究课题组，开展家庭教育理论研究。

**(五)教学管理**

教学管理应做到：

1. 每学期有教学计划和课程标准。

2. 每学年不少于四个教学内容。

3. 有条件的家长学校宜开办家教小报，刊出家教板报。

4. 每年开展两次以上家教咨询、家长接待日（家长接待周）等活动。

5. 每两年开展一次经验交流暨表彰大会。

6. 广泛开展家庭教育研究，每年征集一定数量的家教论文。

7. 充分利用现代信息技术手段，开展家庭教育活动。

**(六)评比标准**

省、市、区级优秀家长学校每两年评比一次，当选学校优先推荐为上一级示范性家长学校。

**(七)参评条件**

参评条件应符合：

1. 创办两年以上，获得过市级以上荣誉。

2. 办学指导思想明确，能遵循家庭教育、学校教育和社会教育三结合的原则。

3. 组织机构健全，能做到正常有效运转。

4. 教育教学工作开展正常，管理规范。

5. 教师相对稳定，经过学习培训，素质较高。

6. 家庭教育工作有特色、有亮点，得到家长好评，有较好的社会声誉。

**(八)申报程序**

申请程序如下。

1. 各校申请：根据各级妇联制定的“优秀家长学校（家庭教育指导机构）评估表”（见附录A、附录B、附录C）进行自查打分，并填写好“优秀家长学校考评申报表”（见附录D），一式两份，提交各级妇联。

2. 风采展示：资格初审通过的家长学校分为初中组、小学组、幼儿园组，集中以PPT形式进行家庭教育工作及成果展示。

3. 评比打分：区妇联与区教育局牵头建立考核评选小组，通过观看PPT展示、查看资料以及对照指标评估评分，对申报的家长学校进行评比，并公布优秀名单。

## 第四节　队伍建设

**专家队伍**

**(一)招募对象**

热心家庭教育的专家、学者、教师。

**(二)主要职责**

家教专家的主要职责应包括：

1. 开展家教征文活动、家教研讨会，准确把握本地家庭教育的重点、难点。

2. 开展对家庭教育工作的理论研究、实践指导，特别是对特殊困境儿童、农村留守儿童、早期儿童家庭教育指导服务等方面进行研究。

3. 注重研究成果的转化和应用，探索形成解决重点、难点问题的机制、模式和方法。

**讲师队伍**

**(一)服务资质**

应通过妇联组织的系统培训，并获得聘书。

**(二)主要职责**

1. 参与家庭教育知识公益宣讲、咨询。

2. 指导家长科学教子。

3. 为家长提供科学优质的家庭教育指导。

**社工队伍**

**(一)招募对象**

以社会工作者为主体。

**(二)主要职责**

专业社工的主要职责包括：

1. 综合运用社会工作专业知识、方法和技能。

2. 开展困难救助、矛盾调处、权益维护、心理疏导、行为矫治、关系调适等公益服务工作。

3. 开展“家庭教育心理疏导”个案公益服务。

**家庭教育志愿者队伍**

**(一)招募对象**

富有志愿服务精神，对子女家庭教育有一定心得体会，愿意抽出一定时间从事家庭教育公益活动的家长。

**(二)招募条件**

1. 自觉遵守法律法规，社会责任心强，秉承“公益为先，服务至上”的志愿精神，关心、热爱家庭教育事业，关心儿童，乐观向上。

2. 家庭和谐，身体健康，举止文明，品德优良，具有较高的文化素质。

3. 有一定的家庭教育知识，重视自身学习，遵循教育规律，有较强的口头表达能力，善于沟通。

**(三)主要职责**

家长志愿者的主要职责包括：

1. 参加家庭教育指导中心举办的“家长沙龙”、社区企业“面对面”家长学校活动，分享育儿心得，与其他家长朋友交流家庭教育经验。

2. 开展家庭教育理论研究，宣传普及科学的家庭教育知识，帮助家长更新家庭教育理念。

3. 配合区教育局、区妇联开展各种形式的家庭教育指导和服务活动。

## 第五节　公共服务供给

### “候鸟起飞”计划

**(一)服务对象**

以外来民工子弟为主体。

**(二)服务内容**

“候鸟起飞”计划服务内容如下。

1. 一套图书：向部分农民工家庭赠送《家庭教育》杂志，作为培训教材和日常指导。

2. 一场电影：在农民工及农民工子女较集中的村（社区）、企业、学校组织观看青少年榜样题材的励志电影和科教宣传片专场。

3. 一项培训：在全区农民工子弟学校开展“家教培训”班，定期开展交流辅导。

4. 一个活动站：在农民工子女较多的村（社区）和学校开设“清凉空间”等辅导站。

5. 一次体验：参加青少年科普馆等体验活动。

### “娃娃起步”计划

**(一)服务对象**

以早教儿童为主体。

**(二)服务内容**

“娃娃起步”计划服务内容包括：

1. 充分发挥托幼园所的专业资源优势，面向村（社区）、家庭开展形式多样的早期教育指导服务，提高家长科学育儿能力。

2. 充分发挥新婚夫妇学校、妇幼保健所、孕产妇学校、人口分校、“三优”指导中心、村（社区）、“妇女之家”、“儿童之家”等基层阵地的作用，开展早期家庭教育宣传普及工作。

3. 重视亲子阅读，充分利用社会公共资源，开展形式多样的早教亲子阅读活动，引导家庭树立早期教育的理念与习惯。

**“融合教育”计划**

**(一)服务对象**

以特殊儿童为主体。

**(二)服务内容**

“融合教育”计划服务内容包括：

1. 将家庭教育重点向留守、流动和困境儿童等特殊儿童群体家庭倾斜，制订个性化教育计划。

2. 通过“融合”培植互相关怀的校园文化，促进家校合作，鼓励特殊儿童及其家长融入本校学习生活。

**“亲职教育”工程**

**(一)服务对象**

以家庭教育缺失或存在教育懈点、不当等可能对未成年子女成长产生不利之情形的监护人为主体。

**(二)服务内容**

“亲职教育”工程服务内容包括：

1. 开展亲职教育社会调查，形成亲职教育指导报告。

2. 指定监护人接受相关法律知识教育，引导监护人培养未成年人法律素养，提高未成年人守法意识和自我保护能力。

3. 指引监护人培育未成年人良好行为习惯，树立正确的价值观。

4. 引导监护人改变不当教养方式，协助未成年人改过自新或加强对未成年人的保护救助。

5. 协助监护人加强对未成年人的心理干预，促进未成年人身心健康成长。

6. 教导监护人有效的沟通方式，修复亲子关系。

7. 指导监护人重塑良好家庭关系。

8. 开展跟踪回访。

9. 其他有利于未成年人健康成长的亲职教育指导。

附录A（规范性附录）

## 中小学、幼儿园家长学校规范化建设评估标准

| 指标 | 评估要点 |
| --- | --- |
| 组织管理 | 1. 把家长学校工作纳入学校工作计划和岗位考核内容；成立家长学校组织领导机构和家长委员会；每年至少召开2次专题会议研究家庭教育工作 |
| | 2. 有开展家庭教育的场所，悬挂校牌，每学年向家庭教育指导服务中心报送家庭教育信息不少于6条 |
| | 3. 有年度工作计划和总结，有符合实际的规章制度并上墙，办学经费有保障 |
| | 4. 建立家长学校师资队伍，有专兼结合、相对固定的师资队伍，每学期邀请专家授课不少于1次 |
| | 5. 有教学计划，家长培训不少于6课时，培训面不低于60% |
| 教学管理 | 1. 幼儿园、中小学家长学校与村（社区）或其他企事业单位每年至少有2次家长学校共建帮扶活动，能利用辖区内的人力、物力资源开展家庭教育活动 |
| | 2. 有相应课时的教师备课笔记、家长考勤和结业表彰等 |
| | 3. 学校至少有3篇家长的体会、交流材料 |
| | 4. 家长学校负责人或教师每学年至少1次接受家庭教育方面的学习培训 |
| | 5. 至少有3种家庭教育的学习资料或校本教材（含《家庭教育》杂志） |

续　表

| 指标 | 评估要点 |
|---|---|
| 教研科研 | 1. 家长学校每学年举办家庭教育教研活动不少于1次 |
| | 2. 学校每学期至少有2篇家庭教育研究文章(包括课题、论文、案例、调研报告等) |
| 办学成效 | 1. 家长学校办学质量高,对提高家长家庭教育素质有明显成效,对学校教育质量有促进作用,家长学校工作在本区家庭教育领域有引领示范作用 |
| | 2. 家长到课率高,经抽查,家长到课率不低于90%,家长满意率不低于80% |
| 特色工作 | 在家庭教育某个方面有创新,并具有一定影响力的特色工作或项目 |

附录B（规范性附录）

## 村(社区)、企业“面对面”家长学校规范化建设评估标准

| |
|---|
| 1.有阵地。有固定的教学场地 |
| 2.有机构。村(社区)建立由村干部、村妇联主席、授课老师、辖区单位代表等组成的家长学校校务委员会,企业建立由党务工作者、妇女工作者、授课老师和家长代表等组成的校务委员会,切实发挥作用 |
| 3.有计划和总结。每年年初制订家长学校工作计划,年末做好总结 |
| 4.有教学计划。家长培训面达40%以上,到课率90%以上 |
| 5.有教材。村(社区)家长学校订阅、购买、收集、自编有关家庭教育的教材和资料不少于3本(种) |
| 6.有师资。建立专兼职师资队伍,每年授课不少于2次 |
| 7.整合资源优。能充分整合周边单位,争取辖区的学校、企业、部队等单位支持,创造性地开展家庭教育活动 |
| 8.活动效果优。针对本村(社区)、本企业实际情况开展家庭教育活动每年不少于3次,并收到较好的效果。参加活动的家长满意率高 |
| 9.规范管理优。建立健全相关规章制度并严格执行;做好每次活动的考勤、内容等相关记载,有图像资料;资料档案按年度归档 |
| 10.办学特色突出。创新开展家庭教育宣传、培训、咨询、服务活动,创建具有本村(社区)、办企业特色的品牌活动。有相关活动、材料支持 |

附录C　（规范性附录）

## 优秀家长学校(家庭教育指导机构)评估表

参评单位（盖章）：

参评类型：　　　　　　　　[优秀中小学、幼儿园、村（社区）家长学校]

| 评估指标 | 评估要点和得分标准 | 权重 | 自评分 | | 考评分 | |
|---|---|---|---|---|---|---|
| | | | 基本分 | 加分 | 基本分 | 加分 |
| 组织管理 | 1.办学单位要把家长学校工作纳入整体工作计划和岗位考核内容(2分);有办学单位负责人、职能部门负责人和教师、家长代表参加的校务管理委员会(2分);每年至少召开1次专题会议研究家庭教育工作(2分) | 6 | | | | |
| | 2.有开展家庭教育的固定场所(2分),悬挂校牌(2分) | 4 | | | | |
| | 3.办学经费有保障(5分) | 5 | | | | |
| | 4.有专兼结合、相对固定的师资队伍(3分),每年邀请区级或以上专家授课不少于1次(2分) | 5 | | | | |
| | 5.有年度工作计划(2分)和总结(2分) | 4 | | | | |
| | 6.有符合实际的规章制度(2分),且执行有效(2分),台账齐全真实(2分) | 6 | | | | |

续 表

| 评估指标 | 评估要点和得分标准 | 权重 | 自评分 | | 考评分 | |
| --- | --- | --- | --- | --- | --- | --- |
| | | | 基本分 | 加分 | 基本分 | 加分 |
| 教学管理 | 1.有教学计划,能依照《全国家庭教育指导大纲》,针对不同年龄段的家长开展不同层次和主题的教学活动。每学年面授次数和教学课时:幼儿园、小学、初中不少于8次,16课时;职业中学不少于6次,12课时;村(社区)不少于6次,12课时。每次面授或活动要有照片和家长签到单可查(每少1次扣2分,直至扣完) | 12 | | | | |
| | 2.幼儿园、中小学家长学校与村(社区)或其他企事业单位每年至少有1次家长学校共建帮扶活动,能利用辖区内单位的人力、物力资源开展家庭教育活动 | 6 | | | | |
| | 3.有学籍管理、教师备课、家长考勤和结业表彰等制度 | 6 | | | | |
| | 4.有家长的体会、交流材料 | 4 | | | | |
| | 5.家长学校负责人或教师每学年至少1次接受家庭教育方面的学习培训 | 6 | | | | |
| | 6.至少有3种家庭教育的学习资料或校本教材(含《家庭教育》杂志) | 6 | | | | |

续 表

| 评估指标 | 评估要点和得分标准 | 权重 | 自评分 | | 考评分 | |
|---|---|---|---|---|---|---|
| | | | 基本分 | 加分 | 基本分 | 加分 |
| 教研科研 | 1.家长学校(家庭教育指导机构)每学年举办家庭教育教研活动不少于1次,村(社区)每年举办家长经验交流活动不少于1次 | 4 | | | | |
| | 2.家长学校(家庭教育指导机构)有家庭教育研究方面的成果(包括课题、论文、案例、调研报告等),村(社区)在辖区宣传窗(栏)每年至少有2期家庭教育宣传版面(1项得2分,2项以上得4分) | 4 | | | | |
| | 3.家庭教育科研获表彰奖励(加分项目,课题、论文、案例等每篇在全国获奖、交流或采用的得4分,省级得3分,市级得2分,区级得1分) | 4 | | | | |
| 办学成效 | 1.家长学校办学质量高,对家长家庭教育素质的提升有明显成效,对学校教育工作有明显促进。经抽查,中小学、幼儿园教师和家长满意率达80%以上,村(社区)儿童家长满意率达70%以上(每少10%扣1分,直至扣完) | 8 | | | | |
| | 2.家长到课率高,学校的家长到课率不低于90%,家长居住特别分散的不低于50%(每少10%扣1分,直至扣完) | 7 | | | | |
| | 3.创办两年以上,获得过市级以上荣誉。家长学校工作在本区家庭教育方面有引领示范作用 | 7 | | | | |
| | 4.家长学校工作获表彰奖励(加分项目,在全国获表彰、奖励、交流的加4分,省级加3分,市级加2分,区级加1分) | 4 | | | | |
| 总分 | | | | | | |

附录D（规范性附录）

# 优秀家长学校考评申报表

<table>
<tr><td>家长学校名称</td><td colspan="5"></td></tr>
<tr><td>地点</td><td colspan="3"></td><td>邮编</td><td></td></tr>
<tr><td rowspan="2">负责人姓名</td><td rowspan="2"></td><td rowspan="2">职务</td><td rowspan="2"></td><td>联系电话</td><td></td></tr>
<tr><td>电子邮箱</td><td></td></tr>
<tr><td>主要做法和今后打算</td><td colspan="5">（附1500字文字材料）</td></tr>
<tr><td>所在单位意见</td><td colspan="2">盖章<br>年 月 日</td><td>镇(街道)妇联意见</td><td colspan="2">盖章<br>年 月 日</td></tr>
<tr><td>区教育局意见</td><td colspan="2">盖章<br>年 月 日</td><td>区妇联意见</td><td colspan="2">盖章<br>年 月 日</td></tr>
</table>

# 第十章　家庭建设规范

## 第一节　“最美家庭(文明家庭)”评选

**范围**

本标准规定了台州市路桥区“最美家庭（文明家庭）”评选的术语和定义、评选类别、评选原则、评选方式、评选程序等内容；本标准适用于台州市路桥区“最美家庭（文明家庭）”评选活动。

**术语和定义**

“最美家庭”是注重家庭、注重家教、注重家风，做到夫妻和睦、尊老爱幼、科学教子、勤俭持家、邻里互助等。

注：获评“最美家庭”荣誉称号的，同时授予同级“文明家庭”称号。

**评选类别**

**(一)清廉守法“最美家庭(文明家庭)”**

遵纪守法、严于律己、勤勉敬业、廉洁奉公。

**(二)夫妻和睦“最美家庭(文明家庭)”**

夫妻关系融洽，生活互敬互爱，事业彼此支持，共同履行家庭责任。

**(三)爱岗敬业“最美家庭(文明家庭)”**

家庭成员勤奋敬业，肯于钻研，创先争优，相互理解支持，在本职岗位上取得良好业绩。

**(四)绿色环保“最美家庭(文明家庭)”**

家庭成员具有较强的环保意识，自觉在家庭生活中体现文明卫生环保的生活习惯，积极组织和参与各类环保公益活动，倡导环保理念。

**(五)情系国防“最美家庭(文明家庭)”**

优秀的军人家庭或者热心国防事业，且在拥军优属等方面做出突出贡献。

**(六)热心公益“最美家庭(文明家庭)”**

热心公益事业，积极奉献爱心，在帮助他人、扶危济困等方面有突出表现。

**(七)勤劳致富“最美家庭(文明家庭)”**

通过辛勤劳动，获得经济收入的增加和生活条件的改善，带动身边人增收致富。

**(八)教子有方“最美家庭(文明家庭)”**

科学教育子女，重视言传身教，在营造良好家风方面有突出表现。

**(九)孝老爱亲“最美家庭(文明家庭)”**

传承孝道文化，孝敬父母长辈，关爱家庭成员，弘扬家庭美德。

**(十)邻里互助“最美家庭(文明家庭)”**

与邻里和睦相处，互帮互助，能够身体力行地营造和谐、融洽的邻里关系。

**(十一)特色文化“最美家庭(文明家庭)”**

在收藏、才艺、健身、读书、传统文化传承等某一方面或领域成绩突出；在笃行勤学、勤勉廉洁、诚信友善、创业创新等方面能起到示范作用。

**(十二)其他“最美家庭(文明家庭)”**

“最美家庭”类别包括但不限于上述类别家庭，全区范围内有表现突出、事迹感人、群众认可的家庭，均可单列为一类家庭进行申报。

**评选原则**

有以下情形之一的，不得申报和评选“最美家庭（文明家庭）”：

1.家庭成员违法违纪；

2.家庭成员非法参与重大群体性上访事件；

3.家庭成员参与“黄、赌、毒”；

4.家庭成员参与封建迷信和非法宗教及邪教活动；

5.家庭成员在文明、诚信等方面有不良记录；

6.发生家庭暴力事件；

7.违反国家计划生育政策；

8.对未成年子女监护主体责任落实不力；

9.家庭成员放弃中华人民共和国国籍；

10.家庭成员存在社会公德、职业道德、家庭美德、个人品德等方面的不良行为。

**评选方式**

“最美家庭（文明家庭）”评选应覆盖区、镇（街道）、村（社区）三级。其中，村（社区）每年评选不少于5户，镇（街道）每年评选不少于20户，区“最美家庭”将从镇（街道）“最美家庭（文明家庭）”中推选产生。

**评选程序**

**(一)宣传发动**

各级妇联组织应借助会议部署微信、网站、报刊、宣传栏张贴方案等多种形式广泛宣传“最美家庭（文明家庭）”评选的内容和标准、目的和意义。村（社区）妇联组织应利用各类会议及走访群众等形式进行“最美家庭”评选宣传发动。

**(二)推荐申报**

参与“最美家庭（文明家庭）”评选可通过家庭自荐、群众推荐、媒体推荐、组织推荐四种形式，在规定日期前向本级妇联报送。

**(三)资格审核**

申报家庭须经公安、纪检、卫健等职能部门审核，无“评选原则”

所列情况发生。

**(四)名单公示**

各地妇联可根据实际情况，通过微信公众号、宣传栏等方式在辖区范围公示，接受群众监督。公示时间不少于5天。

**(五)结果公布**

公布“最美家庭（文明家庭）”名单。

**(六)表扬宣传**

授予家庭荣誉证书。精选部分“最美家庭（文明家庭）”在电视台、网站、报刊、村（社区）文化礼堂进行事迹展播，晒家庭幸福生活，讲家庭和谐故事，展家庭文明风采。

**(七)结果应用**

获评“最美家庭（文明家庭）”户可享受台州市路桥区妇女联合会推出的“好家庭”礼遇。

## 第二节 “美丽庭院”评选

**范围**

本标准规定了台州市路桥区“美丽庭院”评选的指导思想、评选范围、评选标准、评选原则和参选方法、评选程序、建立长效管理标准考评等内容；本标准适用于台州市路桥区“美丽庭院”的创评活动。

**指导思想**

坚持以引领为核心，以提高妇女素质、弘扬良好家风、提高群众生活舒适度为重点，充分发挥典型引领作用，激励更多的群众及家庭更加积极地参与“美丽庭院”评选，以家庭面貌的焕然一新促进家庭生活的幸福和谐。

**评选范围**

在路桥区范围内居住的各村（社区）家庭，按照“洁、齐、绿、美、景、韵”六美标准建设各户庭院或阳台。

## 评选标准

“美丽庭院”创评应符合以下要求。

1. 布局美观。庭院周边、房前屋后无乱搭乱建现象，墙面、地面和设施等完好无明显破损，庭院布局合理，内墙色彩美观，一院一景有特色，庭院内外与周边景致、环境相协调，有一定文化品位。

2. 整洁有序。庭院主人卫生习惯好，庭院内外整洁干净，物品摆放整齐有序，无卫生死角，衣物晾晒规范，畜禽不在庭院圈养散养，垃圾分类定点投放，污水得到有效处理，雨污分流，无露天排污沟，无线缆乱拉乱接现象，无乱贴乱画现象。

3. 绿色环保。崇尚绿色低碳环保理念，庭院广栽花草树木，绿化错落有致，养护良好，绿化面积不少于庭院面积的25%。

4. 家美人和。家庭成员树立文明健康意识，养成良好生活习惯，自觉践行简约适度的生产生活方式，家庭和谐，家教优良，家风正气，邻里互助，热心公益。

5. 示范带动。家庭成员热爱养花种草，善于自行培育花草树木，庭院乐意供公众观赏，并在本区域创建活动中起到明显的示范带动作用。

## 评选原则和参选方法

### (一)评选原则

评选推荐应坚持好中选优、公平公正的原则，把弘扬社会主义核心价值观贯穿于活动全过程，充分体现广泛性、代表性、先进性。每年集中评选一次并授牌。

### (二)参选方法

参与“美丽庭院”创建和评选可通过以下两种方式。

1. 个人自荐：个人或家庭按照创评条件向村（社区）提出申请，由村（社区）集中登记上报，由镇（街道）农办、妇联办理初审。

2. 组织推荐：由镇（街道）农办、妇联按照评选标准，择优向区农水局、区妇联推荐。

**评选程序**

**(一)宣传发动**

各村（社区）应广泛宣传“美丽庭院”创建评选标准、要求，广泛发动家庭参加创建评选活动，鼓励村干部、党员、村民代表等带头参与。

**(二)资料提供**

各村（社区）应至少推荐10户创建家庭。申报“美丽庭院”创建的家庭应按照路桥区“美丽庭院”评分细则（见附录A）做好创建工作，并提供创建前及创建后的庭院全景、房前、屋后、周边等不同角度照片各1张，至少8张。

**(三)入户核查**

由镇（街道）农办、妇联对各村“美丽庭院”的候选户进行入户核查，确保候选户评选公平公正。

**(四)民意调查**

应到候选户周围听取群众意见，多方面了解候选户是否长期自觉养成良好的卫生习惯和文明的生活方式。

**(五)公示**

将“美丽庭院”在各村（社区）进行公示，接受群众监督。

**(六)认定奖励**

发文认定，并统一制作和悬挂“美丽庭院”牌匾。

**建立长效管理标准考评**

“美丽庭院”实行动态考评，组织单位不定期对获得“美丽庭院”的家庭进行抽查，如发现卫生情况退步且已不符合标准的，应通知整改。规定时间内未整改的予以摘牌。

附录A（规范性附录）

## 路桥区“美丽庭院”评分细则

| 序号 | 类别 | 评分标准 | 分值 | 得分 |
|---|---|---|---|---|
| 1 | 环境卫生清洁美 | 自觉养成将垃圾入桶(箱)习惯,做到垃圾正确分类,得7分;落实门前“三包”,做到房前屋后整洁,清理房内、房屋周边积存垃圾,消灭卫生死角,得3分;卫生间、厨房、洗涤污水“三水”规范接入污水管网,合理设置存水弯,包扎裸露接户管,雨污分流,得5分;庭院(房前屋后)内外无垃圾、无废弃物、无污水、无污渍等,得5分。否则不得分 | 20 | |
| 2 | 摆放有序整齐美 | 全面清理家庭房前屋后、墙体周围的杂物,使庭院(房前屋后)内外物品堆放整齐,无乱搭乱建、无乱堆乱挂之物,庭院外观整齐有序,机动车或非机动车有序、规范停放在指定线内,得20分。发现有乱搭乱建的扣3~5分;发现有乱堆乱放的扣1~3分;发现有乱丢乱扔的扣1~3分;发现有乱泼乱洒的扣1~3分;发现有乱停乱靠的扣1~3分;发现有乱涂乱贴的扣1~3分 | 20 | |
| 3 | 栽花植树绿化美 | 做到门前见绿,院内绿化,有乔灌花果配置,庭院(房前屋后)绿化面积不少于庭院面积的20%,且养护良好,得10分;庭院周边、房前屋后有花草树木和盆栽盆景,修剪整齐,观赏价值较高,得10分。否则酌情扣分 | 20 | |

续 表

| 序号 | 类别 | 评分标准 | 分值 | 得分 |
| --- | --- | --- | --- | --- |
| 4 | 生活幸福和谐美 | 家庭成员环保意识强，自觉节水、节电、节油、节能，能自觉抵制白色污染，倡导绿色消费，得4分；邻里关系和谐，生活美满，形象文明、健康，得4分；积极参与村(社区)组织的公益活动，自觉维护公共卫生、绿化美化周边环境，得7分。否则酌情扣分 | 15 | |
| 5 | 院落设计景观美 | 自觉拆除违法建筑和有碍景观的建筑物，得8分；通过墙体改造、特色装饰等行动，使庭院内外与周边景致、环境协调一致，形成有一定文化品位的景观，得7分。否则酌情扣分 | 15 | |
| 6 | 乡土气息韵味美 | 通过村(社区)主要节点、庭院(房前屋后)植物配置、小品与建筑空间氛围营造，丰富乡土气息内涵、突出地方特色、彰显庭院(房前屋后)韵味，得5分；达到庭院(房前屋后)通透、怡人的院落景观，具有路桥韵味的“浙派民居”景观，得5分。否则酌情扣分 | 10 | |
| 合　计 | | | 100 | |
| 说明：1.分值在75～85(含)分的评为“美丽庭院”(房前屋后)达标户。<br>2.分值在86(含)分以上的评为“美丽庭院”(房前屋后)示范户。 | | | | |

# 第十一章　“巾帼文明岗”创建工作规范

**范围**

本标准规定了台州市路桥区“巾帼文明岗”的术语和定义、基本条件、创建程序、监督和管理等内容；本标准适用于台州市路桥区“巾帼文明岗”的申报、监督、管理等活动。

**术语和定义**

下列术语和定义适用于本标准规范。

**(一)巾帼文明岗**

以女性为主体，在生产、经营、管理和服务等工作岗位上创建的体现职业文明、创造一流业绩的先进集体。

**(二)创建范围**

“巾帼文明岗”创建工作应在女性比较集中的行业、单位、两新组织中开展。符合创岗条件的各级机关、企事业单位、社会团体、市场、社区、农村等以女性为主体的集体、岗位（班、组、队、站、所、岗、柜、店、台等）均可参加“巾帼文明岗”创建活动。

## 第一节　基本条件

创建区级“巾帼文明岗”应具备以下条件。

1.女性人数占比50%以上，且岗位负责人中至少应有一名女性，除市场等特殊领域外，应为3人以上（含3人）的集体。

2.单位领导重视，创建工作应纳入整体工作安排，明确创建目标，指定专人负责，并为创建活动提供必要的物质保障。

3. 岗位成员应遵纪守法、诚实守信、爱岗敬业、业绩突出，具有良好的社会责任意识和文明服务形象，热心参加志愿服务和结对帮扶等社会公益活动，应有获得“岗位能手”“服务明星”和“巾帼建功标兵”等荣誉称号的先进个人。

4. 岗位内部管理规范，有明确的争创计划，可行的岗位责任制度，规范的行业服务标准，有效的奖惩激励机制，重视学习培训和岗位文化建设，建立电子台账，提升创建水准，有条件的单位可借助网络信息化平台展示“巾帼文明岗风采”。

5. 明显的创建标识，公开的服务承诺，完善的便民设施和高效的团队，创建活动成效显著，体现良好的社会经济效益，在本系统或行业中有较强的影响力和较大的辐射带动作用。

## 第二节　创建程序

区级“巾帼文明岗”创建的程序包括：

1. 实行申报制，每两年申报一次，在统一申报的基础上进行认定。

2. 每两年命名一次，创建单位在第一季度向区巾帼建功和双学双比活动协调小组、行业主管部门提出申报目标，区巾帼建功和双学双比活动协调小组办公室适时组织或委托人员对创建情况进行检查，并结合社会公众意见，确定符合区级“巾帼文明岗”创建条件的名单，进行认定授牌。

3. 区巾帼建功和双学双比活动协调小组、各成员单位和行业主管部门应加强协调与管理，严把质量关，确保认定的“巾帼文明岗”具有先进性和代表性，并努力拓展创建的领域。

4. “巾帼文明岗”认定实行公示制，由区巾帼建功和双学双比活动协调小组在相关网络媒体上集中公示，公示时间为7天。

# 第三节 监督和管理

**管理机构**

区“巾帼文明岗”实行分级管理和协助管理。分布在镇（街道）的区级“巾帼文明岗”，由区巾帼建功和双学双比活动协调小组负责管理，各镇（街道）巾帼建功和双学双比活动协调小组协同管理；区级相关单位的区级“巾帼文明岗”由区巾帼建功和双学双比活动协调小组负责管理，“巾帼文明岗”所在单位协助管理。

**公示和社会监督**

“巾帼文明岗”实行挂牌公示和社会监督制度。正在争创的岗位，应做到“三上墙”，即参赛标志牌、参赛人员照片、参赛守则上墙。已被命名的岗位，应在岗位现场的醒目位置摆放或悬挂区级“巾帼文明岗”牌匾，所有岗员统一佩戴巾帼文明岗岗徽。并公布监督电话，接受公众监督，确保投诉渠道畅通。

**统一标识**

巾帼文明岗应统一标识，由路桥区巾帼建功和双学双比活动协调小组办公室统一制作，规格统一为50厘米×38厘米，落款为“路桥区巾帼建功和双学双比活动协调小组”和颁发日期。材质为铜拉丝亮边。字体为楷书，颜色为金底红字。

**动态管理**

“巾帼文明岗”应加大动态管理力度。区级“巾帼文明岗”接受上级主管部门及区巾帼建功和双学双比活动协调小组的不定期检查、随机抽查与社会监督。督查中凡符合条件的，继续挂牌；不符合条件的，提出限期整改要求，到期仍不达标的，以文件形式取消其荣誉称号。区级

“巾帼文明岗”须每年定期进行自查，自查情况由创岗单位存档备查。

“巾帼文明岗”出现下列情况之一者，经查证核实，由授牌单位取消其荣誉称号：

1. 岗位成员有违法违纪现象的；

2. 在工作中发生严重责任事故的；

3. 文明单位评比、行风检查不合格的；

4. 被媒体曝光或群众举报，情况属实，造成不良社会影响的；

5. 在申报中弄虚作假，骗取荣誉的；

6. 经营户信用等级降为B级的。

因单位撤并和取消或人事变动，已不具备创建条件的，视为自动取消荣誉称号，相关情况说明报上级巾帼建功和双学双比活动协调小组办公室备案。

# 第十二章　服务项目运行管理与评价规范

## 第一节　服务项目运行管理规范

**范围**

本标准规定了台州市路桥区服务项目的管理职责、项目申报、项目审核、项目实施和项目验收等内容；本标准适用于台州市路桥区各级妇联服务项目的管理等活动。

**管理职责**

1. 区妇联对各级妇联推出的服务项目应进行全面管理和监控。

2. 区妇联分管领导应对具体服务项目内容提供业务指导、跟踪检查，推动服务项目落地。

3. 区妇联应对服务项目实施情况进行评价。

**项目申报**

**(一)项目甄选**

服务项目应在妇联职能范围内，具备普遍性、示范性、创新性、务实性，能够产生良好的社会效益和示范作用，项目范围包括：

1. 着眼于新时代妇女工作要求，与时俱进推出的服务项目。

2. 协调解决妇女儿童发展中的突出问题，有助于推进路桥区妇女儿童发展规划目标实现的服务项目。

3. 发挥妇女作用，推动妇女群众积极参与基层社会治理的服务项目。

4. 能结合本地、本单位实际，体现地方妇女工作特色的服务项目。

5. 结合当前党政中心工作，体现妇联可担当和可作为的服务项目。

**(二)申报时间**

每年2—3月为服务项目申报阶段，各申报单位应填写好项目申报表报区妇联，见规范性附录A。

**项目审核**

**(一)审核内容**

审核内容主要包括：

1.服务项目的可行性；

2.服务项目的参与人数和实际受众面；

3.可预期的社会影响；

4.项目的创新性和可推广性；

5.经费预算和管理；

6.整合配套资源能力。

**(二)审核方式**

区妇联对申报的服务项目进行初审，并将初审结果向申报单位反馈。

**项目实施**

1.服务项目确定后，申报单位应建立服务项目工作小组，确定项目负责人。

2.服务项目实施期间，区妇联领导应根据分工予以指导。

3.项目实施过程应实行中期报告制，报告内容主要应包括：项目基本情况、项目实施情况、项目实施成效及存在的问题、下一步工作计划等。

4.项目实施过程中，项目实施方应及时在区妇联网站上传反映项目实施的文字、图片、视频等资料。

5.项目实施应以会议记录、图片视频、文字信息等多种形式做好过程记录，建立电子台账。

**项目验收**

**（一）验收时间**

每个服务项目宜以3～5年为限，每年12月总结报告本年度实施效果，3～5年到期后由区妇联对服务项目进行验收。

**（二）验收方式**

项目申报方提交项目结案报告，并以PPT形式集中进行项目展示。当选为优秀、良好的项目应以发文形式进行通报表扬。

附录A（规范性附录）

**路桥区妇联系统服务项目申报表**

<table>
<tr><td>项目名称</td><td colspan="2"></td></tr>
<tr><td>申报单位</td><td colspan="2"></td></tr>
<tr><td>主要内容简介</td><td colspan="2"></td></tr>
<tr><td>相关工作背景、现状</td><td colspan="2"></td></tr>
<tr><td>预期目标、效益（包括社会、经济、政治、管理效益）</td><td colspan="2"></td></tr>
<tr><td>主要受益对象</td><td colspan="2"></td></tr>
<tr><td rowspan="2">实施时间</td><td>启动时间</td><td></td></tr>
<tr><td>完成时间</td><td></td></tr>
<tr><td>具体实施方案（计划）</td><td colspan="2">实施方案里要包括组织领导、时间步骤、方法措施等（需要另附）</td></tr>
<tr><td>创新特点</td><td colspan="2"></td></tr>
</table>

## 第二节　服务项目评价规范

**范围**

本标准规定了台州市路桥区妇联工作服务项目的评价目标、评价原则、评价主体、评价内容、评价方法和结果应用等内容；本标准适用于台州市路桥区各级妇联推出的服务项目的评估。

**评价目标**

1. 评价妇联工作服务项目完成目标的实现程度、专业服务效果及项目资金的使用情况。

2. 总结妇联工作服务经验，提炼妇联工作服务品牌，提升妇联工作服务水平。

**评价原则**

**（一）客观性原则**

以客观事实为依据，准确反映妇联工作服务项目在投入、运作、产出以及成效方面的实际情况。

**（二）专业性原则**

注重考察妇联工作服务的专业价值、理论、方法和技巧在服务项目中的运用。

**（三）系统性原则**

通过层次化结构对服务项目进行具体评价分解，确定各类评估指标的权重，全面、综合地反映服务项目的整体情况。

**（四）可操作性原则**

评价方法符合服务项目实际，易于操作。

## 评价主体

**(一)评价组织者**

区妇联为各级妇联服务项目评价的组织者，统筹评估相关事宜。

**(二)评价参与者**

具体服务项目的参与者为项目的评价参与者，每个服务项目评价参与者应不少于5人。可根据服务项目内容邀请专家组成评审组参与评价。

## 评价内容

评价内容相关要求见附录B。

## 评价方法

根据服务项目的性质确定评价方法，可有选择地采用资料分析法、问卷法、访谈法等。

## 结果应用

评价结果出具后应作为优秀、良好项目评选的重要依据，以告示、文件通知等方式公开。

附录B(规范性附录)

# 服务项目评价表

<table>
<tr><td colspan="2">项目名称</td><td colspan="7"></td></tr>
<tr><td colspan="2">实施单位名称</td><td></td><td colspan="2">地 址</td><td colspan="4"></td></tr>
<tr><td colspan="2">项目负责人姓名</td><td></td><td colspan="2">联系电话</td><td colspan="4"></td></tr>
<tr><td>序号</td><td>评分项目</td><td>评分解释</td><td>分值</td><td>自评得分</td><td>评审组评分(占70%)</td><td>群众打分(占30%)</td><td>得分</td><td>备注</td></tr>
<tr><td>1</td><td>精细性</td><td>项目内容条理清晰,步骤分明,大项目下包含若干子项目,结构完整</td><td>10</td><td></td><td></td><td></td><td></td><td></td></tr>
<tr><td>2</td><td>实事性</td><td>项目内容务实,可操作性强,易推广,贴近妇女工作实际,能体现切实为妇女儿童服务</td><td>20</td><td></td><td></td><td></td><td></td><td></td></tr>
<tr><td>3</td><td>决策性</td><td>项目符合妇联工作职能,符合党的群团工作的发展方向,体现创新性、长远性和前瞻性</td><td>20</td><td></td><td></td><td></td><td></td><td></td></tr>
<tr><td>4</td><td>辐射性</td><td>项目实施过程有辐射效应,起到示范带动的效果</td><td>10</td><td></td><td></td><td></td><td></td><td></td></tr>
<tr><td>5</td><td>成效性</td><td>项目实施效果明显,既定目标达成良好,服务对象反映良好,社会影响良好</td><td>40</td><td></td><td></td><td></td><td></td><td></td></tr>
<tr><td colspan="2">总分</td><td></td><td>100</td><td></td><td></td><td></td><td></td><td></td></tr>
</table>

**图书在版编目（CIP）数据**

基层妇联规范化建设工作手册 / 台州市妇女联合会，台州市路桥区妇女联合会编. -- 北京：现代出版社，2021.3

ISBN 978-7-5143-9128-2

Ⅰ. ①基… Ⅱ. ①台… ②台… Ⅲ. ①妇女工作－标准化－中国－手册 Ⅳ. ①D442.6-62

中国版本图书馆CIP数据核字（2021）第054717号

---

作　　者：台州市妇女联合会

　　　　　台州市路桥区妇女联合会

责任编辑：窦艳秋

出版发行：现代出版社

通讯地址：北京市安定门外安华里504号

邮政编码：100011

电　　话：010-64267325　64245264（传真）

网　　址：www.xdcbs.com

电子邮箱：xiandai@cnpitc.com.cn

印　　刷：杭州万星印务有限公司

开　　本：710mm×1000mm　1/16

字　　数：111千字

印　　张：8

版　　次：2021年4月第1版　2021年4月第1次印刷

书　　号：978-7-5143-9128-2

定　　价：38.00元

---